왜
흥선 대원군은
쇄국 정책을
펼쳤을까?

교과서 속 역사 이야기, 법정에 서다

45
역사공화국
한국사법정

박규수 vs 흥선 대원군

왜 흥선 대원군은 쇄국 정책을 펼쳤을까?

글 이정범 | 그림 조환철

|주|자음과모음

오늘날 흥선 대원군은 고집스럽게 쇄국 정책을 추진한 것으로 잘 알려진 인물입니다. 흥선 대원군이 집권할 무렵, 우리나라는 안팎으로 격변을 겪고 있었습니다. 먼저 국내에서는 순조 이후 60년 동안 이어진 안동 김씨, 풍양 조씨의 세도 정치로 백성들이 시달렸습니다. 세도가들은 뇌물을 받고 벼슬자리를 팔아 부귀영화를 누렸고, 뇌물을 바친 관리들은 그 밑천의 몇 배를 뽑기 위해 백성들을 착취하는 일이 다반사였습니다. 그 결과 세금 제도인 전정, 군정, 환정의 삼정이 문란해졌고 이에 시달린 농민들이 각지에서 봉기했습니다. 그중 1862년에 충청도·경상도·전라도 삼남 지방 71개 지역에서 일어난 임술민란(진주 민란)이 대표적입니다.

당시 왕권은 위세 등등하던 세도가들에게 짓눌려 땅에 떨어졌습니다. 왕이 세도가들의 허수아비처럼 움직여야 했으니 왕족은 말할 나위가 없었지요. 세도가들의 눈에 조금만 거슬려도 목숨을 이어 나가기가 힘들 정도였습니다.

왕족 중 한 사람인 흥선군도 마찬가지였습니다. 그래서 흥선군이 일부러 허름한 옷차림을 하고 다니며 술에 취해 살았다거나 세도가들의 집으로 찾아가 쌀을 꾸어 생계를 이었다는 이야기도 전해집니다. 실제로 흥선군이 그런 생활을 했는지 분명하진 않지만, 그만큼 세도가들의 눈 밖에 나지 않으려고 노력해야 했습니다.

어쨌든 흥선군은 앞날을 내다보고 있었습니다. 병약한 철종이 서른두 살로 세상을 떠나자, 흥선군은 둘째 아들 이재황을 왕위(고종)에 앉히고 자신은 섭정이 되어 조선의 권력을 한 손에 쥐었습니다. 그리고 그때부터 흥선 대원군으로 불리게 되었습니다.

흥선 대원군은 행정 조직 개편, 경복궁 중건, 서원 철폐, 실력 있는 인재 등용 등의 방법으로 개혁 정책을 펼쳐 나갔습니다. 그의 개혁 정치의 첫 번째 목적은, 수십 년간 이어졌던 세도 정치를 무너뜨리고 왕권을 강화하는 데 있었습니다.

한편, 흥선 대원군이 집권하기 전부터 서양 강대국들은 새로운 무역 시장을 개척할 목적으로 무력을 사용해 아프리카, 남아메리카, 아시아의 각국을 식민지로 개발하거나 문호를 개방하려고 했습니다. 그 결과 중국, 일본 등 조선의 주변 국가들이 강제로 문호를 열었으며 조선도 그런 압박에 시달려야 했습니다. 서양 열강들은 18세기 후반부터 조선으로 군함 등을 보내 해안을 측량하거나 통상을 요구했는데, 그런 일들은 흥선 대원군이 집권한 뒤에도 계속 이어졌습니다.

새로운 권력자가 된 흥선 대원군의 입장은 어땠을까요? 흥선 대원군도 처음부터 쇄국 정책을 고집한 것은 아니었다고 합니다. 하지만 무리하게 개혁을 추진하다가 그 무렵 조선의 지배 계층이었던 유림의 반발을 사게 되었고, 그것을 만회하기 위해 쇄국을 결심하게 되었다는 이야기가 전해지고 있습니다. 흥선 대원군은 병인박해를 일으킨 것을 시작으로 프랑스, 미국, 독일 등 외세의 압박을 철저히 물리치는 쇄국 정책을 펼쳤으며 전국 각지에 척화비를 세웠습니다.

오늘날 흥선 대원군의 쇄국 정책에 대해서는 찬반양론이 팽팽하게 갈리고 있습니다. 흥선 대원군 시대에 평안 감사, 우의정 등 높은 벼슬을 지냈던 박규수는 끝없이 문호 개방을 건의했지만 무시당했고, 흥선 대원군이 섭정에서 물러난 뒤에는 고종을 설득해 강화도 조약을 체결하게 했습니다. 그리고 이번 역사공화국 한국사법정에서 흥선 대원군을 피고로 하여 소송을 제기했습니다. 과연 흥선 대원군이 쇄국 정책을 펼친 이유는 무엇이며 박규수의 소송 제기는 정당한 것인지, 여러분이 판결을 내려 주시기 바랍니다.

이정범

재판 첫째 날 흥선 대원군은 왜 개화를 반대했을까?

흥선 대원군이 집권하자 개혁 정책을 펴기 시작했다. 왕권을 강화하고 국가 재정을 튼튼히 하는 것을 목표로 하였다.

중학교	역사	VII. 개화와 자주 운동

VII. 개화와 자주 운동

　1. 흥선 대원군의 정치
　　1) 흥선 대원군은 무엇을 개혁하려 하였나?
　　2) 흥선 대원군이 서양과의 통상 수교를
　　　거부한 까닭은?

　2. 개항과 개화 운동
　　1) 강화도 조약의 내용과 성격은 무엇인가?

미국의 상선 제너럴셔먼호가 대동강을 거슬러 올라오는 일이 있었다. 제너럴셔먼호의 서양 사람들은 자신들과 통상할 것을 요구하였지만, 조선 관리들은 이를 받아들이지 않았다.

10년간 집권하던 흥선 대원군이 물러나면서 조선의 정권은 민씨 세력이 장악하게 되었다. 이 당시 새로운 국가 체제를 확립한 일본이 조선에 통상을 강요하기 위해 운요호 사건을 일으켰다.

흥선 대원군은 왕권을 강화하여 정치 질서를 재정비하고자 안동 김씨 가문을 몰아냈다. 또한 능력 있는 인재를 골고루 등용했고, 통치 체제를 정비하는 등 개혁 정책을 실시했다.

서양 열강들은 조선에 문호 개방과 통상 수교를 요구했고, 흥선 대원군은 이를 거절했다. 그리고 서울 종로 거리와 전국 각지에 척화비를 세워 통상 수교 거부 정책을 널리 알렸다.

고등학교

한국사

III. 조선 사회의 변화와 서구 열강의 침략적 접근
  3. 통치 체제의 재정비와 통상 수교 거부
    1) 흥선 대원군, 통치 체제를 재정비하다
    2) 흥선 대원군, 통상 수교를 거부하다
    3) 병인양요와 신미양요

IV. 동아시아의 변화와 조선의 근대 개혁 운동
  2. 개항과 불평등 조약의 체결
    1) 운요호 사건
    2) 강화도 조약의 체결과 개항
  3. 개화 정책의 추진과 반발
    1) 개화파의 형성
    3) 위정척사 운동의 전개

일본은 근대화를 위해 대외 침략을 시작했고, 무력으로 조선의 문호를 개방시키려고 했다. 운요호 사건을 구실로 군함을 이끌고 온 일본 대표단은 강화도에 상륙하여 개항을 강요했다. 이에 조선은 많은 유생들의 반대를 무릅쓰고 일본과 강화도 조약을 체결했다.

흥선 대원군이 집권하고 있을 무렵 문호를 개방하자는 개화론자들이 등장했다. 실학자 박지원의 손자인 박규수는 젊은 양반 자제들을 모아 세계의 정세와 서구의 문물을 전했고, 새로운 사상을 가르쳤다.

1863년	고종 즉위, 흥선 대원군 집권
1865년	경복궁 중건(~1872)
1866년	병인박해 제너럴셔먼호 사건 병인양요
1871년	신미양요
1875년	운요호 사건
1876년	강화도 조약 체결 박규수 사망
1881년	신사 유람단 및 영선사 파견
1882년	임오군란 흥선 대원군, 제2차 집권 미국, 영국, 독일 등과 통상 조약 체결 청나라 군대가 흥선 대원군을 체포해 중국 톈진으로 납치
1884년	우정국 설치 갑신정변
1894년	동학 농민 운동, 갑오개혁
1895년	을미사변
1896년	고종, 아관 파천 『독립신문』 발간, 독립 협회 설립
1897년	고종, 경운궁으로 환궁 대한제국으로 국호를 바꿈
1898년	만민 공동회 개최 흥선 대원군 사망

1863년	링컨, 노예 해방 선언
1868년	일본, 메이지 유신
1869년	수에즈 운하 개통
1871년	독일 통일
1878년	베를린 회의
1882년	독일, 오스트리아, 이탈리아 삼국 동맹 성립
1884 ~1885년	청프 전쟁
1894 ~1895년	청일 전쟁
1896년	제1회 올림픽 대회
1899년	헤이그 평화 회의 의화단 운동

원고 **박규수**(1807년~1876년)

조선 후기의 개화사상가 박규수입니다. 실학자 박지원의 손자로서 개화파 형성에 결정적인 역할을 했지요. 청나라에 사신으로 다녀오면서 급변하는 국제 정세에 눈을 떴어요. 흥선 대원군의 고집이 조선의 암울한 미래에 일조했다는 것을 이번 재판에서 꼭 밝히고 싶군요.

원고 측 변호사 **김딴지**

역사에 대한 해박한 지식으로 지나간 과거의 일들을 바로잡는 김딴지 변호사입니다. 흥선 대원군의 쇄국 정책이 조선에 어떤 영향을 끼쳤는지 낱낱이 밝혀내겠습니다.

원고 측 증인 **여흥부대부인 민씨**

나는 흥선 대원군의 부인으로 일찍이 천주교에 귀의한 신자였어요. 남편인 흥선 대원군이 천주교를 박해하는 바람에 마음고생이 이만저만이 아니었지요. 비록 내 남편의 편에 서지 못했지만 이 재판을 통해 할 말은 제대로 할 겁니다.

원고 측 증인 **베르뇌 주교**

프랑스에서 온 신부 베르뇌 주교입니다. 병인박해 때 한성에서 체포되어 다른 프랑스인 신부와 함께 새남터에서 순교했어요. 흥선 대원군의 천주교 탄압은 정당하지 못했다고 생각합니다.

원고 측 증인 **명성 황후**

나는 고종의 비이자 흥선 대원군의 며느리였던 명성 황후입니다. 쇄국 정책에 반대 입장을 취하여 시아버지인 흥선 대원군과는 사이가 좋지 않았어요. 이번 재판에서 사사로운 감정을 이입할 생각은 없지만, 잘못된 점들을 바로잡는 데 일조하고 싶네요.

원고 측 증인 **김옥균**

조선 후기의 정치가로 갑신정변을 주도했던 김옥균이오. 젊은 시절 박규수 대감의 사랑방에서 개화사상을 배웠지요. 대감의 사상이 당대를 앞서 갔다는 사실을 증명하겠습니다.

피고 흥선 대원군(1820년~1898년)

나는 고종의 아버지로 대원군에 봉해졌소. 세도 정치로 피폐해진 조선의 기강을 바로잡고 나라를 군건하게 지켜 내야만 했던 나의 사정을 안다면 쇄국 정책의 장본인이라고 손가락질만 할 수는 없을 것이오.

피고 측 변호사 이대로

나는 역사공화국의 유명한 변호사 이대로입니다. 혼란스러운 조선 말기에 나라를 지켜 내고자 했던 흥선 대원군의 진심을 이번 재판에서 밝혀내겠습니다.

피고 측 증인 고종

나는 조선의 제26대 왕이었던 고종입니다. 왕비인 명성 황후와 아버지인 흥선 대원군의 세력 다툼 속에서 마음 고생이 이만저만이 아니었어요. 이번 재판에서 아버지의 편에 섰지만, 당시의 상황에 대해서는 객관적인 입장을 취하도록 노력하겠습니다.

피고 측 증인 최익현

혼란스러운 조선 후기에 자주적인 민족 사상을 체계화시킨 최익현입니다. 경복궁 중건과 당백전 발행에 따른 재정의 파탄 등을 들어 흥선 대원군을 탄핵하는 상소를 올린 후 관직을 잃었지만, 이번 재판에서는 흥선 대원군의 증인으로 서게 되었습니다. 그 이유는 재판을 통해 이야기하겠습니다.

판사 공정한

역사공화국 최고의 판사 공정한입니다. 어떤 사건이라도 공정하게 재판하기 위해 최선을 다하고 있지요. 이번 재판은 어느 때보다도 신중하게 진행할 예정입니다. 다 함께 지켜봐 주세요.

"쇄국 정책 때문에 조선이 망했다니, 인정할 수 없소!"

여기는 영혼들의 나라, 역사공화국.

오늘 오후에 이대로 변호사를 찾아온 고객은 그 이름도 유명한 흥선 대원군이었다. 그의 얼굴을 보는 순간 이대로 변호사는 살짝 긴장했다. 첫눈에 보아도 고집스러운 인상 때문이었다. 변호사 생활을 오래 하다 보니 얼굴만 봐도 상대하기 힘든 의뢰인인지 아닌지 금방 알 수 있었다. 이런 고집스러운 인상의 사람일수록 대화가 안 되는 게 보통이었다.

"자네가 이대로 변호사인가?"

흥선 대원군이 카랑카랑한 목소리로 물었다.

"그렇습니다만, 나리."

그러자 흥선 대원군은 귀청이 찢어져라 호통을 쳤다.

"나리라니? 내가 하찮은 벼슬아치로 보여? 앞으론 합하라고 부르게."

이대로 변호사는 재빨리 스마트폰을 꺼내 인터넷 국어사전에서 합하라는 단어를 검색해 봤다.

"꼼꼼한 자료 검색으로 이번 재판을 승리로 이끌어 주게."

"송구합니다, 대원군 합하."

"이제야 맘에 들려고 하는군."

"그런데 무슨 용건으로 오셨는지요?"

"박규수가 날 고소했네. 자네가 내 변호를 맡아 주게."

박규수? 이대로 변호사는 정확한 정보를 얻기 위해 검색창에 다시 '박규수'를 입력했다.

박규수는 서른한 살 때 벼슬을 시작해 열 손가락으로도 모자랄 만큼 수많은 자리를 거쳤고 나중엔 우의정까지 지낸 인물이었다. 그리고 김옥균 등 젊은 지식인들을 모아 개화사상을 일깨워 준 선구자이기도 했다. 이런 인물이 왜 흥선 대원군을 고소했는지 의아해진 이대로 변호사는 조심스레 물었다.

"박규수가 대원군 합하를 고소한 정확한 이유가 뭔가요?"

"내가 집권하던 당시에 박규수가 나더러 개화를 해야 한다고 여러 번 건의했었네. 하지만 내가 번번이 무시했거든. 그런데 글쎄 그것 때문에 조선이 망했고 자기는 마음의 상처를 입었다는 거야. 그게 말이 되나? 내가 쇄국 정책을 펼친 건 모두 조선의 안위를 위해서였다고!"

합하
정1품 벼슬아치를 높여 부르던 말로, 왕을 부르는 '전하' 다음의 존칭이다.

"원고 쪽 변호사는 누구라고 하던가요?"

"여기 소장이 있으니 읽어 보게."

소장에 적힌 소송 대리인은 김딴지. 이대로 변호사에겐 골치 아
픈 상대였다. 지난번 재판에서 자신의 사소한 말실수까지 예리하게
물고 늘어지던 김딴지 변호사를 떠올리니, 이대로 변호사는 머리가
지끈거리는 것 같았다. 하지만 이번만큼은 조선 후기의 최고 권력자
흥선 대원군의 변호를 맡아 재판을 승리로 이끌고 싶은 마음도 들었
다. 이러한 이대로 변호사의 생각을 읽었는지, 흥선 대원군이 든든
하다는 표정으로 들고 있던 자료를 내밀었다.

왜 흥선 대원군은 쇄국 정책을 펼쳤을까?

"자네만 믿네. 소송 전에 이 자료 좀 열심히 읽고……."

홍선 대원군이 준 자료 뭉치에는 '나는 왜 쇄국 정책을 펼칠 수밖에 없었나?'라는 제목이 붙어 있었다. 이대로 변호사는 꼼꼼한 자료 준비로 정평이 나 있는 만큼 이번에도 철저히 준비하기로 마음먹었다.

19세기 말, 세계 속의 조선

　19세기 말, 세계는 큰 변화를 겪게 됩니다. 제2차 산업 혁명을 거쳐 19세기 말에는 통신, 전기, 화학 공업이 급속도로 발달하게 되었기 때문이지요. 더불어 많은 물건이 만들어지고 또 소비되면서 자본주의가 고도로 성장하게 됩니다. 이렇게 자본주의가 발달함에 따라 선진 자본주의 국가들은 상품의 원료를 얻고, 상품을 팔고, 자본을 투자할 새로운 시장이 필요하게 됩니다. 그래서 무력을 사용해서라도 약소국을 지배하고자 하는 경향이 뚜렷해졌지요. 이것을 '제국주의'라고 하는데, 영국과 독일, 포르투갈 등 유럽 여러 나라들이 해외에 자국의 식민지를 만들기 위해 경쟁적으로 뻗어 나가게 됩니다.

　이 강대국들 중 영국은 아프리카에서 종단 정책을 추진하여 수에즈 운하에서 남쪽의 케이프타운을 연결하는 지역에 영향력을 갖게 됩니다. 반면 프랑스는 알제리를 거점으로 횡단 정책을 추진하여 동쪽의 마다가스카르 섬까지 세력을 뻗지요. 이러한 강대국들의 힘 다툼 속에 조선이 속한 아시아도 예외는 아니었습니다. 영국이 인도를 침략하고, 프랑스가 인도차이나를 침략하고, 네덜란드가 인도네시아를 침략하는 등, 강대국의 세계 분할 경쟁은 끝이 없었어요.

이웃 나라인 일본은 네덜란드로부터 서구 문물을 받아들이다 19세기 후반 메이지 유신으로 근대화에 성공하게 됩니다. 일본에서는 조선을 정벌하자는 '정한론'이 일게 되지요. 또 다른 이웃 나라였던 청나라는 영국과 벌인 아편 전쟁에서 패해 불평등한 난징 조약을 맺게 됩니다. 강한 줄 알았던 청나라가 무너지자 조선은 큰 충격을 받게 됩니다.

　이러한 상황에서 조선에서는 열두 살이던 고종이 즉위했으며 그의 아버지 흥선 대원군이 섭정을 펼칩니다. 흥선 대원군은 부정부패를 일삼은 안동 김씨 세력을 몰아내고 유명무실해진 의정부의 기능을 정상화시키는 등 여러 가지 개혁 정책을 펴게 됩니다. 개혁 정책과 함께 쇄국 정책을 펼치는데, 그 결과 병인양요와 신미양요를 겪게 되지요. 두 차례의 양요를 겪으면서 조선 내부에서도 움직임이 생기기 시작했습니다. 서구 열강과 제국주의 일본의 침략에 대응해 '서구 문물을 받아들이지 말자'는 주장과, '서구 문물을 받아들이고 부국강병을 통해 근대 국가를 건설하자'는 두 가지 주장으로 나뉘게 됩니다.

| 원고 ｜ 박규수 | 대리인 ｜ 김딴지 변호사 |
| 피고 ｜ 흥선 대원군 | 대리인 ｜ 이대로 변호사 |

청구 내용

실학자 박지원의 손자로 태어난 나는 1866년 평안 감사로 있을 때 통상을 요구하던 미국 상선 제너럴셔먼호를 격침시킨 일이 있습니다. 그 일로 피고 흥선 대원군의 칭찬을 받기도 했지만 본래 내 뜻은 근대화와 문호 개방에 있었습니다. 외국에 문호를 열어 주고 조선의 사상과 문물, 제도를 새롭게 뜯어고쳐 근대 국가로 만들어야 한다는 것이 내 생각이었습니다.

나는 사신으로 중국을 몇 차례 다녀오면서 조선이 개화의 시기를 놓치면 절대 안 되겠다는 생각을 굳히게 되었습니다. 중국과 일본도 처음엔 강력한 쇄국 정책을 고집하다가 서양 열강의 무력 앞에 무릎을 꿇었습니다. 그때 나는 조선도 쇄국을 고집하다간 마찬가지 운명이 될 것이라 믿었습니다. 그렇다면 오히려 조선 스스로 문호를 열어 서양 문물의 좋은 점은 받아들이고 조선의 아름다운 전통을 서양에 알려 주는 건 어떤가, 그게 조선을 강한 나라로 발전시키며 경제적인 이득을 얻는 길은 아닌가 하여 여러 차례 흥선 대원군께 문호를 개방할 것을 건의하였습니다.

하지만 흥선 대원군은 나이가 열세 살이나 많은 나를 구박하고 망신을 줘 마음에 상처를 입혔으며, 문호 개방의 기회를 놓쳐 결국 조선 왕조가 멸망하게 되었습니다. 나는 지금도 조선의 멸망을 가슴 아프게 여기며 피고의 잘못된 판단을 원망하고 있습니다.

따라서 피고의 잘못을 낱낱이 따지기 위해 소송을 제기하고자 합니다.

입증 자료

- 중학교 역사 교과서
- 고등학교 한국사 교과서
  그 외 자료 추후 제출하겠음.

위 청구인 박규수
역사공화국 한국사법정 귀중

흥선 대원군은 왜 개화를 반대했을까?

교과연계

한국사
IV. 동아시아의 변화와 조선의 근대 개혁 운동
　3. 개화 정책의 추진과 반발
　　1) 개화파의 형성
　　3) 위정척사 운동의 전개

1

박규수는 언제부터
개화를 지지하게 되었을까?

한국사법정의 도마에 흥선 대원군의 쇄국 정책이 올랐다는 소식
은 순식간에 널리 퍼졌다. 흥선 대원군의 재판 첫째 날, 한국사법정
앞에는 방청객들이 구름처럼 몰려들어 있었다. 한쪽에서 개화기에
대해 연구하는 연구자들의 대화가 들려오자, 주변 사람들의 귀까지
쫑긋해졌다.

"내 이럴 줄 알았지. 쇄국 정책을 폈던 흥선 대원군은 일제 강점에
대한 책임이 있으니까!"

"하지만 박규수 대감이 소송을 걸다니 의외 아닌가? 제너럴셔먼
호를 침몰시킨 인물이잖아."

"모르는 소리 말게. 그분이야말로 조선에 개화의 씨앗을 심은 사
람 아닌가!"

"그건 맞아. 당시엔 박규수 대감이 평안 감사였으니 흥선 대원군의 명령을 따를 수밖에."

방청객들이 법정에 들어가 자리를 채우는 동안 누군가가 또 아는 체하며 말을 시작하려 했으나, 판사가 들어오는 바람에 조용해졌다.

판사 오늘은 원고 박규수가 피고 흥선 대원군에게 쇄국 정책의 책임을 묻고 공식적인 사과를 요구한 데 대한 재판이 있겠습니다. 먼저 원고인 박규수와 피고인 흥선 대원군이 개화에 대해 각기 다른 생각을 갖게 된 계기와 이유를 알아보도록 하겠습니다. 원고 측 변호인, 사건 설명 부탁드립니다.

김딴지 변호사 원고 박규수는 일찍이 외국과 문물을 교류하는 개화의 필요성을 깨달았고, 후대에 김윤식, 김홍집, 오경석, 유홍기, 김옥균 같은 개화파 사상가들을 키워 낸 개화파의 시조입니다. 피고인 흥선 대원군은 조선 말기에 고종을 대신해 섭정하였기 때문에 조선의 운명을 좌우하는 책임을 지고 있었습니다. 하지만 피고는 당시 시대의 흐름을 읽지 못하고 세계 정세에 발 빠르게 대응하지 못했기 때문에 자주적인 문호 개방의 기회를 놓쳤고, 이는 결국 조선이 일제의 식민지가 되는 데에도 큰 영향을 주었습니다. 그래서 원고 박규수는 피고 흥선 대원군에게 그 책임을 묻고자 하는 것입니다.

판사 흥선 대원군이 당시 시대의 흐름에 둔감했다는 근거가 있습니까?

김딴지 변호사 그렇습니다. 이미 정조 임금 시대부터 조선에는 변화와 개혁을 주장하는 실학사상이 활발히 연구되고 있었습니다. ▶그 뒤에는 세도 정치 때문에 살림이 극도로 피폐해진 백성들이 끊임없이 민란을 일으켰고요. 서학으로 불리던 천주교가 널리 퍼진 것도 이때입니다. 이러한 현상은 조선의 백성들이 정치, 경제, 종교라는 모든 면에서 새로운 세상을 원하고 있었다는 걸 잘 보여 주지요.

판사　알겠습니다. 조선 말기의 쇄국 정책이 결국 일제 강점기를 불러왔다는 이야기에 대해 설명해 주시죠.

김딴지 변호사　인간은 사회적인 동물입니다. 아무리 강하고 잘난 사람이라도 무인도에서 혼자 살아갈 수는 없지 않습니까? 서로 문화나 경제적인 면에서 활발하게 교류하는 것이 자연스러운 흐름입니다. 국제 사회도 이와 마찬가지입니다. 서로 더 나은 부분을 교류해야 지속적으로 발전할 수 있는 것이지요. 우리나라는 먼 옛날 삼국 시대 이전부터 중국의 실크로드와 바닷길을 통해 멀리 아라비아와 서양까지 문물을 교류했습니다. 지금 대한민국이 영문으로 'Korea'로 불리게 된 것도 고려 때 활발한 통상 교류를 통해 수준 높은 문화가 서양에까지 알려진 덕분이고요. 이처럼 활발한 교류가 문화의 발전과 국력 증강에도 도움이 되었지요. 그런데 흥선 대원군은 쇄국 정책으로 조선의 근대화 운동을 가로막고 역사를 후퇴시켰습니다. 또 문호 개방을 건의했다는 이유만으로 원고를 핍박했지요. 조선은 이 시기에 자주적으로 개방할 기회를 놓쳤기 때문에 세계정세에 뒤떨어졌고, 결국 일제의 식민지가 되고 만 것입니다.

교과서에는

▶ 세도 정치에 시달리던 농민층의 불만이 점점 커지다 19세기에 들어와 전국 곳곳에서 농민 봉기가 일어나게 됩니다.

판사   원고 측 변호사의 소송 이유, 잘 들었습니다. 이번엔 피고 측 변호인이 발언해 주시지요.

이대로 변호사   피고 홍선 대원군이 섭정을 시작할 당시에는 세도 정치로 인해 왕권은 바닥에 떨어지고 백성들의 삶은 피폐해져 있었습니다. 나라의 질서를 바로 세우는 것이 무엇보다 중요한 시점이었지요. 이에 피고는 세도를 부리는 안동 김씨의 세력을 제거하고 중앙 집권적인 정치 기강을 세웠습니다. 이를 위해 내부적으로는 개혁 정치를 단행하여 당쟁의 악습을 없애기 위해 노력했고, 국가의 재정을 낭비하고 있던 서원을 철폐했습니다. 또한 밖으로는 조선을 호시탐탐 노리던 외세에 대항하여 쇄국 정책을 펼쳤습니다. 모두 나라를 위해 추진한 일들임에도 이를 인정해 주지 않고 오히려 피고 때문에 조선이 망하게 되었다는 주장은 억지입니다. 물론 비난을 받을 만한 일도 있다는 것은 인정하지만, 정치를 하다 보면 실수를 할 수도 있는 것이고, 권력을 지키면서 나라를 안팎으로 정비해 나가는 일이 쉬운 일이 아니라는 것쯤은 감안해 주시기 바랍니다. 피고가 아니었다면 혼란에 빠진 조선이 더 빨리 무너졌을지도 모를 일입니다.

판사   양측의 의견이 팽팽하군요. 그럼 지금부터 어느 쪽 이야기가 맞는 것인지 차근차근 알아 가는 것이 좋겠습니다. 자, 원고에게 먼저 발언 기회를 드리지요. 자기소개를 해 주세요.

공정한 판사의 말에 원고석에 앉아 있던 박규수가 자리에서 일어나더니 방청객을 둘러보았다. 갸름한 얼굴에 귀와 콧날이 길고 인자

『연암집』
북학파의 대표적인 인물이었던 박지원이 쓴 시문집인 『연암집』에는 『열하일기』 외에 상공업에 관한 글이 수록되어 있습니다.

한 인상이었다.

박규수   나는 1807년(순조 7) 한성에서 박종채의 아들로 태어났습니다. 실학자로 유명한 연암 박지원이 나의 조부이지요. 아버지는 어린 시절부터 조부의 실학사상을 충분히 이어받을 수 있는 환경에서 자라셨습니다. 조부가 세상을 떠나신 후에는 그의 유고를 정리하는 작업도 도맡으셨지요. 그런 환경 탓에 나도 일찍부터 『연암집』을 읽고, 실학사상의 영향을 받으면서 자랐

습니다. 어린 시절 오랫동안 살았던 곳도 조부 박지원의 옛집인 '계
산 초당'이었습니다.

판사　▶실학사상은 개화사상의 뿌리와도 같으니, 어찌 보면 원고
가 개화사상에 끌린 것은 당연한 일이었겠군요.

박규수　그렇습니다. 아버지는 내가 태어나기 전에 조부인 연암에
게서 옥판을 받는 꿈을 꾸었다고 합니다. 연암처럼 훌륭한 자손이
태어나 가문을 일으키기를 간절하게 바라셨다고 생각합니다. 아버
지 대에는 아무도 벼슬을 하지 못했거든요. 나는 그런 기대 때문이
었는지 일곱 살 때는 『논어』를 읽고, 열두세 살 무렵에는 『박물지』,
『습유기』, 『물류상감지』 같은 책을 읽어 아버지를 기쁘게 했지요.

판사　조부 외에 원고가 영향을 받은 인물이 또 있나요?

박규수　외종조부인 유화, 외사촌인 이정리·이정관 형제 등과 교
류하였습니다. 모두 연암의 사상에 영향을 받은 인물들이
었지요.

판사　원고가 효명 세자와 친분이 있었다는 사실이 역사
적으로 널리 알려져 있는데요.

박규수　그렇습니다. 젊었을 땐 순조 임금의 외아들이었
던 효명 세자와 가깝게 지냈습니다. 그때는 그가 안동 김
씨의 세도 정치를 끝내고 조선을 새 나라로 개혁할 것으로
믿었으니까요.

판사　당시 안동 김씨의 세도 정치를 끝내야만 할 이유
가 있었습니까?

박규수　　물론입니다. ▶순조 임금 이후 60년 남짓 세도 정치가 계속되었습니다. 김조순이라는 자가 자신의 딸을 순조 임금의 왕비로 들였는데, 중앙의 요직은 모두 그의 일족인 안동 김씨가 차지했지요. 그 뒤 헌종 임금과 철종 임금 때에도 풍양 조씨와 안동 김씨의 세도 정치가 계속 이어졌고 왕은 허수아비나 다름없었습니다. 왕족들도 기를 펴고 살 수가 없었고요. 이런 안동 김씨의 세도 정치가 흥선 대원군이 집권할 때까지 이어졌습니다. 나는 새도 떨어뜨릴 정도의 권력이라는 말은 이럴 때 쓰는 것이지요.

판사　　세도 정치가 조선에 나쁜 영향을 미쳤나요?

박규수　　▶▶견제 세력 없이 권력을 독점한 안동 김씨의 정치는 갖가지 부패와 전횡을 불러왔습니다. 지배층이 부패하였으니 농민들은 더욱 착취당했고, 삼정의 운영도 문란해졌지요. 벼슬을 하는 것도 마찬가지였습니다. 세도가에 줄을 대지 않으면 관직으로 나아가는 것이 힘들었습니다. 뇌물로 관직을 사고파는 일이 공공연하게 이루어졌으며, 과거 시험에서도 실력보다는 부정에 의해서 합격이 좌우되는 일이 많았습니다. 또, 과거에 급제했더라도 세도가에 줄을 대지 않고서는 좋은 관직에 나아가기 어려웠습니다. 세도가는 벼슬자리를 재물을 모으는 수단으로 삼아, 공공연히 관직을 팔아 재산을 불렸습니다. 많은 관리들은 세도가에 뇌물을 바치고 아첨함으로써 그 자리를 유지할 수 있었습니다. ▶제대로 된 인재를 등용하지 않고 오로지 자신의 권력을 유지할 생각만 하니 어떻게 부패하지 않을 수 있겠습니까? 내가 효명 세자에게 기대를 걸었던 것도 이런 조선의 상황 때문이었습니다.

판사 원고가 효명 세자와 친분을 쌓은 것은 언제부터였습니까?

박규수 내가 스무 살이 조금 넘었을 무렵입니다. 효명 세자가 순조 임금의 대리청정을 시작하여, 세도 정치를 무너뜨리고 왕권을 강화하기 위해 의욕적으로 나선 시기였지요. 효명 세자는 나와 같은 젊은 인재들을 중용하여 안동 김씨 세력을 견제하려고 하였습니다. 하지만 1830년(순조 30) 스물한 살의 나이에 세상을 떠나고 말았지요. 나는 어찌나 충격을 받았던지 연일 통곡하며 지냈습니다. 벼슬할 마음도 생기지 않아 한동안 집에 틀어박혀 책만 읽었지요.

판사 다시 벼슬길에 나서게 된 계기가 있었습니까?

박규수 마흔두 살이던 1848년(헌종 14), 효명 세자의 아들인 헌종 임금이 수렴청정에서 벗어나 친정을 시작했습니다. 헌종 임금은 부왕인 효명 세자가 하려고 마음먹었던 일을 다시 추진하려고 했지요. 물론 곧 돌아가시고 말았습니다만…….

판사 원고의 말씀 잘 들었습니다. 이어서 원고 측 변호인 신문하시기 바랍니다.

김딴지 변호사 네. 원고가 본격적으로 개화사상에 관심을 가지게 된 이유가 있으시지요?

박규수 그렇습니다. 변호사님도 아편 전쟁에 대해 아시

친정
왕이 직접 나라의 정사를 돌보는 일을 말합니다.

교과서에는

▶ 세도가에 뇌물을 바치고 관직을 산 관리들은 백성들로부터 더 많은 세금을 거두어 재산을 불렸습니다. 세도 정치가 계속되자 각종 부정부패로 인해 나라가 더욱 어지러워졌고, 모든 고통은 백성들에게 돌아갔습니다.

겠지요?

김딴지 변호사   물론입니다.

박규수   나와 오랫동안 학문적으로 교류했던 이들 중에 청나라에 다녀온 사람이 많았습니다. 친척인 이정리와 이정관 형제도 1839년에 **연행**을 다녀왔지요. ▶그들을 통해서 나는 제1차 아편 전쟁이 있던 당시 청나라의 상황을 알게 되었습니다. 우리가 대국으로 받들던 청나라도 결국 아편 전쟁에서 영국에 패해 난징 조약이라는 불평등 조약을 맺고 개항할 수밖에 없었지요. 당시 서양의 열강들은 세계 각지로 식민지를 넓혀 가고 있었습니다. 중국과 일본도 그 시류에 휩쓸려 있었고요. 모두 강한 위기의식 속에 개혁을 추구하고 있었지요.

김딴지 변호사   그러한 세계 전체의 시대 흐름을 인식하고 나니 변화가 필요하다고 느꼈던 것이로군요?

박규수   그렇습니다. 나는 이후 청나라의 **경세학**에 관심을 가지고 조선이 이러한 시기에 대응할 수 있는 방법을 찾기 시작했어요.

이대로 변호사   판사님, 이의 있습니다. 원고는 당시 세계의 흐름에 발 빠르게 대비하고 있었다고 하지만, 당시에 쓴 「벽위신편 평어」를 읽어 보면 그 주장이 과대평가임을 알 수 있습니다. 그 글은 천주교를 강력하게 비판하는 내용이고, 서양 오랑캐들이 결국 동양의 사상에 감화될 것이라는

아편
아편은 양귀비 열매에서 나온 즙으로, 진통제나 마취제 등으로 사용됩니다. 중독성이 강해서 약으로 사용하는 것 외에는 법으로 금지되어 있습니다.

연행
사신이 중국의 베이징에 가던 일, 또는 그 일행을 말합니다.

경세학
실리와 실용성을 중시하고, 정치적인 실천을 핵심으로 하는 학문을 말합니다. 19세기 후반 근대화 운동인 양무운동과 변법자강 운동에 영향을 주었지요.

교과서에는

▶제1차 아편 전쟁은 1840년에 청나라와 영국 사이에서 일어났습니다. 당시 영국에서는 청나라에서 수입하는 차의 양이 크게 증가하여 수출보다 수입이 많아졌습니다. 영국 정부는 적자를 해결하기 위해 인도에서 아편을 만들어 청나라에 팔기 시작했지요. 아편이 크게 유행하자 청나라 정부는 이를 단속하기 시작했습니다. 영국이 이에 반발하여 전쟁을 일으켰고, 청나라의 다섯 개 항구를 추가로 개항하는 난징 조약을 체결하였습니다.

제1차 아편 전쟁 이후 영국은 광저우를 침략했고, 텐진을 점령하여 불평등한 텐진 조약을 체결했습니다.

근거 없는 낙관적인 전망을 내놓고 있으니까요. 원고는 당시 사대주의와 성리학의 벽에서 조금도 벗어나지 못했던 것이 아닐까요?

김딴지 변호사　판사님, 초기 개화 사상이 근대의 그것과 어떻게 같을 수 있겠습니까? 원고는 같은 시기 조선의 지식인 가운데 세계정세의 변화에 가장 민감했던 인물 중 한 명입니다. 또 가장 앞서서 최신 정보를 입수하여 검토하였고요. 「벽위신편 평어」에 서양이 동양에 감화될 것이라는 내용이 있는 것은 사실이지만, 그것은 동양 문화에 대한 자신감을 나타내는 구절일 뿐입니다.

판사　알겠습니다. 원고의 말씀을 계속 들어 보도록 하지요.

박규수　이후 몇 차례 연행하면서 이러한 개화에 대한 나의 관심은 더 커져 갔습니다. 처음 연행을 자원하였던 1860년에는 영국과 프랑스가 베이징을 점령했고, 청나라의 황제가 러허[熱河]로 피신했던 때였습니다. 모두들 위험하다고 말렸지만, 나는 북학파의 후예로 일찍부터 중국에 다녀오고 싶었기 때문에 몸의 안위가 중요하지 않았습니다. 1861년 음력 1월부터 6월까지 문안 부사로 청나라에 다녀왔고, 이후에도 몇 번 더 방문할 수 있었지요. 그러면서 초기에 가졌던 개화에 대한 생각을 더욱 키워 나갈 수 있었고요. 사람들은 그때 내가 가졌던 생각을 '동도서기론(東道西器論)'이라고도 부르더군요. 전통적인 유교적 가치관을 유지하면서 서양의 기술은 받아들이자는 것이었지요.

김딴지 변호사   피고 홍선 대원군은 그런 원고의 의견을 무시하고 강력한 쇄국 정책을 펼쳤지요?

박규수   그렇습니다. 나는 홍선 대원군이 집권할 때 그에게 큰 기대를 걸고 있었습니다. 조선이 부강한 나라가 되길 원했기 때문에 홍선 대원군이 강력한 개혁 정책을 펼칠 때 크게 환영했던 것입니다. 하지만 내정 개혁과 달리 외교 정책에는 실망하고 말았지요.

김딴지 변호사   피고의 외교 정책에 실망한 이유가 뭡니까?

박규수   앞에서도 말씀드렸습니다만, 나는 효명 세자의 죽음으로 오랫동안 은둔하였습니다. 헌종이 친정을 시작했을 때 마흔두 살로 비로소 관직에 나갔지요. 하지만 몇 년 후 헌종이 죽고 철종이 즉위하자 다시 안동 김씨의 세도 정치가 판을 쳤습니다. 관직에 있는 내내 나의 정치적인 뜻을 펴기가 힘들었지요. 고종이 즉위할 때 익종(효명 세자)의 비인 신정 왕후는 나를 특별히 중용하였습니다. 그 이후 나는 고위 관직을 두루 거쳤을 뿐 아니라 고종의 학문을 지도하기도 했지요. 그런데 홍선 대원군은 섭정 기간 동안 안동 김씨 이전부터 펼치던 쇄국 정책을 고스란히 이어 나갔습니다. ▶왜 다른 부분은 개혁하면서 그들이 펼치던 쇄국 정책은 고집스럽게 지켜 나가는지 답답했습니다.

동도서기론
전통적인 사상과 가치관, 문화와 풍습 등의 '동도(東道)'는 지키면서 서양의 기술과 기기 등의 '서기(西器)'를 받아들이자는 주장입니다.

교과서에는

▶ 홍선 대원군은 국가 재정을 어렵게 하고 농민을 괴롭혀 오던 서원을 대폭 정리했습니다. 또한 삼정의 문란을 시정하기 위하여 양전(量田)을 실시했고, 양반에게도 군포를 징수하는 호포제를 실시했으며, 환곡제를 폐지하고 사창제를 실시했지요.

이대로 변호사   판사님, 피고의 쇄국 정책은 조선의 정치 상황 및 사회적인 상황에 따른 결정이었습니다. 지금 원고가 말씀하신 부분에 대해서는 피고나 다른 증인들의 증언을 통해 구체적으로 알아보았으면 합니다.

판사   인정합니다.

왜 흥선 대원군은 쇄국 정책을 펼쳤을까?

2

흥선 대원군은 어떻게
권력의 중심이 되었을까?

흥선 대원군이 성질을 억누르며 앞으로 걸어 나왔다. 여전히 정정한 모습이었고, 한쪽 눈썹이 꼿꼿하게 치켜 올라가 있었다. 방청객들이 그 모습을 보고 소곤거렸다.

"화가 날 만도 하지. 아들과 며느리에게 쫓겨났는데, 지금은 천주교 박해다 쇄국 정책이다, 법정에 불려 다니고 있으니."

"그러게. 이게 도대체 몇 번째야."

판사가 방청석 쪽으로 한 번 눈길을 주고 나자 법정이 다시 조용해졌다.

판사　　피고, 먼저 자기소개를 해 주시기 바랍니다.

흥선 대원군　　나는 영조 임금의 직계 증손인 남연군의 넷째 아들

고종 황제의 친아버지인 흥선 대원군

흥선군 이하응입니다. 내 둘째 아들인 재황이 조선 제26대 왕인 고종이지요. 그때부터 나는 흥선 대원군이라는 칭호를 얻게 되었습니다.

판사 피고가 둘째 아들을 왕위에 올린 이야기는 무척 유명하지요. 그 부분을 간략하게 설명해 주실 수 있겠습니까?

흥선 대원군 그러지요. 앞서 원고 박규수가 안동 김씨의 세도 정치 이야기를 하더군요. 나도 그 이야기를 조금 해야 할 것 같습니다. 정조 임금이 죽고 열한 살의 어린 나이로 순조 임금이 왕위에 올랐습니다. 순조 임금의 할머니인 정순 왕후가 섭정을 했는데, 순조 임금의 장인인 김조순 이하 안동 김씨들이 조정을 완전히 장악했어요. 조선의 명운이 다했는지 어쨌는지, 순조 임금마저 일찍 죽고 아들인 효명 세자도 왕위에 오르지도 못하고 죽었지요. 뒤를 이어 효명 세자의 아들인 헌종 임금이 겨우 여덟 살 때 왕위에 올랐고요. ▶안동 김씨의 세도 정치를 막을 수 있는 왕의 힘이 전혀 없는 상태였지요.

판사 피고의 말씀을 듣고 있자니 조선 왕실의 명이 점점 짧아지는 기분입니다.

흥선 대원군 그렇습니다. 헌종 임금마저 왕자를 낳지 못하고 일찍 죽었으니까요. 더 이상 왕위를 계승할 인물이

교과서에는

▶ 정치 권력을 세도가가 독점하여, 세도가를 비판하는 세력은 살아남을 수 없었습니다.

없었지요. 그 상황에서 안동 김씨들은 어떻게 하면 자신들의 권세를 유지할 수 있을까만 생각했습니다. 그래서 총명하고 유능한 왕족들은 처형하거나 유배 보내고, 강화도에 유배되어 살던 강화도령 이원범을 데려왔습니다. 정조 대왕의 이복동생인 은언군의 손자로서 졸지에 제25대 왕(철종)으로 즉위했지요.

판사 완전히 안동 김씨의 꼭두각시였겠군요.

흥선 대원군 그렇습니다. 철종이 허수아비 왕으로 있는 동안 나는 일부러 방탕하게 지내고 꾀죄죄한 모습으로 돌아다녀 안동 김씨의 감시에서 벗어났습니다. 하지만 철종 임금의 병세가 위중하다는 이야기를 듣고 재빠르게 움직였지요. 왕실에서 가장 어른인 신정 왕후를 찾아가 둘째 아들인 재황을 다음 왕위에 앉히기로 했으니까요.

판사 둘째 아들이 즉위한 후에는 피고가 십 년 동안이나 정권을 잡으셨지요?

이대로 변호사 판사님, 그것은 당시 고종 임금의 나이가 어렸기 때문입니다. 원래 왕의 나이가 어릴 경우 왕실 어른인 왕대비나 대왕대비가 수렴청정을 하도록 되어 있습니다. 당시 왕실에도 그런 법도가 있어서 조 대비, 즉 신정 왕후가 고종의 수렴청정을 맡아야 했지요. 하지만 신정 왕후의 명으로 피고가 직접 섭정을 하게 된 것입니다.

판사 당시 수렴청정은 일반적인 것이었지만, 왕의 아버지가 대신 정권을 잡는 피고와 같은 전례는 없었지요?

흥선 대원군 지금 내가 행사한 권력이 불법이라고 이야기하시는 겁니까?

　　홍선 대원군의 눈빛이 잡아먹을 듯이 날카로워졌다. 항상 냉정함
을 잃지 않던 공정한 판사도 홍선 대원군의 이야기에 당황한 기색이
엿보였다. 보다 못한 이대로 변호사가 나섰다.

이대로 변호사　　판사님, 제가 피고를 대신해 사과드리겠습니다. 여
기서 피고의 아들이며 조선의 제26대 왕이었던 고종을 증인으로 신
청하려고 합니다. 홍선 대원군이 섭정을 하게 된 이유와 자세한 내
막을 알 수 있을 것입니다.

　　왜 홍선 대원군은 쇄국 정책을 펼쳤을까?

판사　좋습니다. 증인은 나와서 선서하시고 자기소개 해 주십시오.

섭정
왕이 직접 통치할 수 없을 때에 왕을 대신하여 나라를 다스리는 것 또는 그런 사람을 가리킵니다.

　침착한 표정을 한 고종이 증인석에서 선서를 마쳤다.

이대로 변호사　어려운 자리에 나와 주셔서 감사합니다. 증인은 흥선 대원군의 둘째 아들로 태어나셨지요?

　고종은 한 차례 헛기침을 한 뒤 그렇다고 대답했다.

이대로 변호사　증인이 왕으로 즉위하기 전의 일을 말씀해 주시겠습니까?

고종　내가 태어난 곳은 종로 운니동에 있는 운현궁입니다. 그곳에서 마음껏 뛰어놀며 어린 시절을 지냈지요. 운현궁은 경복궁이나 창덕궁과 같은 궁궐이 아니라, 아버지인 흥선 대원군 같은 왕족이 살던 집입니다.

이대로 변호사　그렇군요. 증인은 왕족으로 태어났지만 왕이 될 가능성은 없다고 생각하셨지요?

고종　한 가지 이상하다고 생각했던 일은 있습니다. 아버지는 나에게 궁궐 예절과 왕이 익혀야 할 학문을 틈틈이 공부시켰으니까요. 그땐 몰랐지만, 나중에 돌이켜 보고서야 아버지가 진작부터 날 왕으로 만들 생각이었던 걸 알았지요.

재위
왕의 자리에 있거나 혹은 그런
동안을 가리킵니다. '경덕왕은
신라 제35대 왕(재위 742~765)'
라고 표현하지요.

정무
정치나 국가 행정에 관계되는
사무를 말합니다.

이대로 변호사　　증인은 열두 살에 조선의 제26대 왕으로 즉위해 44년 동안 재위하셨지요?

고종　　계산해 보면 그렇지만 실제로는 아버지가 10년 동안 집권하셨으니 34년 정도 재위한 셈이라오.

이대로 변호사　　증인이 처음 즉위했을 때 왜 흥선 대원군이 권력을 행사했나요?

고종　　아버지는 왕족들이 안동 김씨의 기세에 눌려 지내는 상황에 불만이 크셨을 겁니다. 또 세도 정치로 망가진 조선의 현실도 바꾸고 싶으셨겠지요. 어린 아들인 내가 왕위에 올랐으니 좋은 기회가 아닙니까? 그동안 억압받았던 것들을 바꾸고 싶으셨겠지요.

흥선 대원군　　안동 김씨 일문을 내보내고 새로운 인재를 차별 없이 등용하도록 해야 했습니다!

고종　　네, 그랬습니다.

판사　　원고 측 변호인, 추가 신문하시겠습니까?

김딴지 변호사　　네, 판사님. 증인께 묻겠습니다. 흥선 대원군이 집권하고 있을 당시 궁궐에서 어떻게 지내셨나요?

고종　　정무는 흥선 대원군이 처리했으니 내가 궁궐에서 하는 일이 없었느냐고 물으시는 겁니까?

김딴지 변호사　　증인도 정치적인 욕심이 있으셨을 것 아닙니까?

고종　　아침 일찍 일어나 대왕대비께 문안 인사를 드리는 것으로 시작해, 아침 수라상을 물린 뒤에는 의정부에서 올린 문서들을 결재하고……

김딴지 변호사   피고가 섭정하는 동안에도 증인이 결재 하셨단 말인가요?

고종   그렇습니다. 왕명으로 추진된 일에는 모두 내가 옥쇄를 찍어야 했습니다. 때로는 수결도 했고요.

김딴지 변호사   그렇다면 피고가 쇄국 정책을 펼친 것에 대한 책임 이 증인에게도 있다고 볼 수 있습니까?

고종   섭정하시는 동안은 정치에 아버지의 뜻이 거의 전적으로 반 영되었습니다. 1873년까지 아버지가 권력을 행사하신 것은 틀림없 고요, 쇄국 정책도 그 시기에 진행된 것은 역사가 증명하고 있지요.

> **수결**
> 예전에 자기 성명이나 직함 아 래에 도장 대신 자필로 글자를 직접 쓰던 일을 말합니다.

김딴지 변호사   알겠습니다. 이상 반대 신문을 마치겠습니다.

판사   수고했습니다. 증인은 흥선 대원군이 10년 동안 권력을 행사한 이유가 뭐라고 생각하십니까?

고종   나는 나이가 어렸고 궁궐 법도에도 어두웠습니다. 순조, 헌종, 철종처럼 세도가의 권력에 휘둘릴 염려가 컸지요. 아버지는 세도 정치로 무너져 내린 왕권을 바로 세우기 위해 권력을 고집한 게 아닌가 합니다.

판사   피고가 권력에 욕심을 부린 것은 아닙니까? 섭정에서 물러난 뒤 흥선 대원군이 보인 권력에 대한 집착을 보면 직접 왕으로 즉위하고 싶었던 것은 아닌가 하는 생각이 듭니다.

고종   글쎄요. 그렇게까지 생각하고 싶지는 않지만 신빙성이 있는 말씀이십니다. 아버지는 섭정에서 물러나신 후에도 계속 다시 권력을 잡으려고 계획하셨고, 나중에는 나와 며느리인 명성 황후가 보기 싫다며 내 형제들을 앞세워 왕위를 교체하려고까지 했으니까요. 그건 명백한 반역 행위였어요.

그 말을 하는 고종의 표정이 그늘졌다.

판사   좋습니다. 증인은 자리로 돌아가셔도 됩니다. 지금까지 흥선 대원군이 집권하여 권력을 잡은 과정 전체를 살펴보았습니다. 이제 그가 실제로 어떤 정책을 펼쳤는지, 그 과정에서 쇄국 정책은 어떤 부분을 차지하고 있는지 알아보기로 하지요.

3

흥선 대원군과
위정척사파의 대립

판사　이번엔 피고 측 변호인이 먼저 말씀하세요.

이대로 변호사　저는 최익현 대감을 증인으로 신청하고자 합니다.

　이대로 변호사의 말에 모두들 깜짝 놀랐다. 최익현 대감은 흥선 대원군을 탄핵한 인물이기 때문이다.

판사　최익현 대감이라면 피고인 흥선 대원군을 탄핵한 인물 아닙니까? 그런데 피고인 흥선 대원군 측 증인으로 부르다니요. 괜찮으시겠습니까?

이대로 변호사　물론 증인 최익현 대감이 흥선 대원군을 탄핵한 것은 사실이지만, 이 소송은 쇄국 정책에 대한 것이 아닙니까? 최익현

충청남도 청양에 있는 최익현의 동상

대감은 강력하게 쇄국 정책을 주장한 인물이니 그 이야기를 들어 보려 합니다.

판사　후회하지 않으실지…….

판사도 걱정해 주는 가운데 잠시 후 최익현 대감이 선서를 마치고 증인석에 앉았다. 작은 체구에 단단한 모습이 흥선 대원군과 비슷한 인상을 주었다.

판사　간단한 자기소개 부탁드립니다.

최익현　나는 순조 임금 때인 1833년에 경기도 포천에서 태어났습니다. 스물세 살에 과거에 급제해 성균관과 사헌부, 사간원 등에서 관직을 거쳤지요. 화서 이항로 선생의 문인으로, 그에게 위정척사 사상을 이어받았습니다. ▶관직에 있을 때 계속 항일 투쟁을 펼치기도 했지요.

판사　위정척사 사상에 대해서 조금 더 설명해 주시겠습니까?

이대로 변호사　제가 증인을 대신해 설명하겠습니다. 위정척사 사상은 조선 후기 정조 임금 이후부터 강하게 나타났습니다. 위정척사란 바른 것을 지키고 옳지 못한 것을 배척해야 한다는 뜻으로, 당시 바른 것이란 성리학적인 것이었고, 옳지 못한 것이란 성리학을 제외한 모든 종교와

사상이었지요. 오랫동안 조선을 유지해 준 핵심적인 사상
이 성리학이었으니 당연한 것이었어요. 천주교가 전래되
고 서양 세력이 통상을 요구하자, 유생들이 이 사상을 중
심으로 해 서양의 학문과 종교를 배격하려 했던 것입니다.

지부소
죽을 각오를 하였다는 뜻으로
도끼를 옆에 두고 상소를 올리
는 것을 말합니다.

김딴지 변호사   판사님, 위정척사 사상의 밑바닥에는 중화사상이
깔려 있었습니다. 성리학만이 최고이고, 이를 지키는 나라만이 중화
라는 것이지요. 그 외의 나라는 전부 오랑캐이니 물리쳐야 한다고
보았습니다. 심지어 조선의 성리학자들은 청나라가 명나라를 멸망
시키자 중화의 명맥이 단절되었다고 보고, 조선만이 소중화로서 그
명맥을 유지하고 있다고 생각하면서 긍지를 가질 정도였지요. 그러
니 이들이 천주교를 중심으로 한 서학이나 서양 세력을 어떻게 보았
겠습니까. 이들이야말로 조선을 후퇴시킨 장본인들이라고 하지 않
을 수 없습니다.

최익현   조선을 후퇴시켰다고요? 위정척사 운동은 나중에 항일 의
병 운동으로 발전합니다. 일본에 맞서 조선을 지키게 해 준 사상이
란 뜻이지요. 나는 1876년에는 병자수호조약에 반대해 '지부소'를
올렸고, 1895년 을미사변이 일어나자 항일 운동을 했던 사람입니
다. 1905년 을사조약이 체결되었을 때는 조약의 무효화와 을사오적
의 처단을 주장했고요. 그런 내게 지금 무슨 소리를 하는 겁니까?

판사   증인, 진정하시지요. 아까 증인이 문인으로 들어갔다던 화
서 이항로 선생님에 대해서도 말씀해 주시겠습니까?

최익현   이항로 선생님은 기정진과 함께 초기 위정척사론을 발전

유림
유학을 신봉하는 무리를 일컫는
말입니다.

시킨 분입니다. 단지 사상에 머무르는 것이 아니라 실제로 국력을 배양해 서양의 침략에 대비해야 한다고 주장하였지요. 개항으로 모든 것이 서양화되어 버릴 것을 우려하였습니다.

이대로 변호사 이항로 선생이 올린 상소문을 참고 자료로 제출하겠습니다.

양이의 화가 금일에 이르러 비록 홍수나 맹수의 해로움일지라도 이보다 심할 수 없습니다. 전하께서는 부지런히 힘쓰시고 경계하시어, 안으로 관리들로 하여금 사학의 무리를 잡아 베시고, 밖으로 장병으로 하여금 바다를 건너오는 적을 정벌하게 하소서.

증인의 말처럼 개항에 반대한 이러한 위정척사 사상은 이후 증인 최익현의 실천적인 척화론에 의하여 항일 민족 운동의 지도 이념으로 정착하게 됩니다. 이항로 선생은 일흔 살의 고령으로 항일 의병 운동의 선두에 서서 애국 충정의 뜻을 펼쳤지만 뜻을 이루지 못하고 돌아가셨습니다.

판사 그렇군요. 그럼 이제 원고 측 변호인 신문하시겠습니까?

김딴지 변호사 네. 증인은 피고가 펼친 쇄국 정책과 맥락을 같이하는데 어째서 나중에 흥선 대원군을 탄핵하셨습니까?

최익현 맥락을 같이한다고요? 난 역사에 남는 애국자이지만, 피고는 조선의 유림을 짓밟았습니다.

최익현의 갑작스런 진술에 이대로 변호사와 흥선 대원군의 표정이 일그러지기 시작했다. 이를 눈치챈 김딴지 변호사는 기다렸다는 듯이 질문 공세를 시작했다.

김딴지 변호사   흥선 대원군이 유림을 어떻게 탄압했는지 한두 가지 사례만 말씀해 주시겠습니까?

최익현   그러지요. ▶가장 먼저 서원을 철폐한 일을 예로 들 수 있습니다. 서원이라는 곳이 무엇입니까? 유교의 성현을 모시고 조상에 대한 예의를 배우며 유학을 공부하는 터전입니다. 흥선 대원군은 집권 후에 전국의 서원을 모조리 없애 버렸지요. 유림이 그렇게 격렬하게 반대했는데도 650개의 서원 중에 겨우 47개만 남았어요. 그일은 유림에 대한 도전이며 조선을 야만 국가로 만들려는 수작이나 다름없었어요. ▶▶둘째는 양반들에게도 세금을 부과한 점입니다. 대원군은 5년 동안 경복궁 중건, 육조 건물 건축, 남대문과 동대문 보수 공사 등 대규모 토목 공사를 벌여 국고를 바닥나게 했지요. 그러더니 급기야 양반들에게도 세금을 거두기 시작했어요. 양반은 조선을 지배하는 엘리트 집단인데 어떻게 그런 만행을 저질렀는지 이해할 수가 없습니다.

우려했던 대로 피고 측 증인인 최익현이 오히려 흥선 대원군을 비난하는 상황이 계속되었다. 사람들은 어리둥절한 상황에 수군거리기 시작했고, 김딴지 변호사는 좌중을

교과서에는

▶ 흥선 대원군은 고종 2년인 1865년 3월에 서원 중 가장 대표적인 만동묘의 철폐를 지시했습니다. 특히 고종 8년인 1871년에는 전국에 명을 내려 문묘에 모신 인물에 한하여 각각 서원 1개소씩만 남기고 모두 폐쇄하도록 했지요.

▶▶ 흥선 대원군은 양반에게도 군포를 징수하는 호포제를 실시했습니다.

압도하는 예리한 질문을 계속했다.

김딴지 변호사   결국 증인은 나라의 기강을 바로잡기 위해 대원군 탄핵을 결심한 셈이군요?

최익현   그렇소. 나는 조선의 뿌리인 성리학과 유림을 흔드는 것을 보고만 있을 수는 없었어요. 그것으로 인해 국가의 기강이 무너질 것이 뻔했으니까요.

김딴지 변호사   답변 감사합니다.

판사 피고 측 변호인, 하실 말씀 있으십니까?

이대로 변호사 판사님, 피고는 집권 후 과감한 개혁으로 민중의 지지를 얻었습니다. 일반 백성들의 세금은 줄여 주고, 양반에게 세금을 부담시켰으니까요. 진상 제도를 폐지하고 사치 금지령을 내리기도 했습니다. 또 안동 김씨의 세도 정치를 뿌리 뽑기 위해 최선을 다했지요. 조선을 다시 한 번 일으킬 작정이었지요. 그래서 비변사를 폐지하고, 인재를 고루 등용하는 한편 당쟁의 근거지인 서원을 철폐한 것입니다. 흥선 대원군 이전에는 만약 어떤 선비가 서원을 세우면 국가에서 서원을 운영할 땅과 노비를 주었으며, 세금은 면제해 주었습니다. 이렇게 서원은 수많은 혜택을 누리면서도 해마다 서원을 운영할 자금을 걷는다며 관청과 백성을 두려움에 떨게 했으니 없애는 게 당연하지 않습니까?

흥선 대원군 본래 서원이란 유교의 성인들에게 제사를 드리며 인재를 키우기 위해 세운 사립 교육 기관이었습니다. 그런데 조선 후기로 접어들면서 전국에 수백 개의 서원이 독버섯처럼 생겨났지요. 더욱 큰 문제는 지방 유생들이 서원을 권력의 근거지로 삼았던 것입니다. 게다가 서원을 운영한다면서 온갖 방법으로 착취를 일삼아 백성은 물론 관리들까지 서원이라면 벌벌 떨던 상황이었지요. 그런 암적인 기관을 없앤 것이 잘못이란 말입니까? 거기에서 기생하던 유생들이야 불만이 많았겠지요. 내 개혁 정책이 옳았다는 것은 그 당시뿐만 아니라 양심 있는 역사학자들의 평가로도 판명이 났소. 그러니까 그 일로 내게 칼을 겨누는 자들은 유학을 앞세워 사리사욕을 채우려는 자들이란 걸 명심하시오. 쯧쯧, 세상이 어쩌다 이렇게 되었는지…….

이대로 변호사   존경하는 판사님! 이럴 때를 대비해서 원고의 주장을 반박할 자료를 가지고 있으며, 그 원본은 증거 자료로 제출했습니다. 그것을 잠깐 읽어도 될까요?

판사   그러시지요. 간단하게 요약해서 말씀해 주세요.

이대로 변호사   박제형이라는 학자는 『근세조선정감』이란 저서에서 대원군이 서원을 철폐할 때의 일을 다음과 같이 기록했습니다.

대원군은 서원을 철폐하라는 명령을 내려서 나라 안 서원을 모두 허물고 서원 유생들을 쫓아 버리도록 하였다. 감히 항거하는 자가 있으면 반드시 죽이라 하였다. 유생들이 크게 놀라서 온 나라 안이 물 끓듯 하였고, 대궐 문간에 나아가 울부짖는 자도 수십만이나 되었다. 조정에서는 어떤 변고라도 있을까 하여 대원군에게 간언하기를, "선현의 제사를 받드는 것은 선비의 기풍을 기르는 것이므로 이 명령만은 거두시기를 청합니다."라고 하니, 대원군이 크게 화를 내며 말하였다. "진실로 백성에게 해로운 것이 있으면 비록 공자가 다시 살아난다 하더라도 나는 용서하지 않겠다. 하물며 서원은 우리나라 선유를 제사하는 곳인데 지금은 도둑의 소굴로 변함에 있어서랴." 하였다.

여기서 대원군이 백성을 얼마나 사랑했는지 엿볼 수 있습니다. 조

왜 흥선 대원군은 쇄국 정책을 펼쳤을까?

금 지루하겠지만 더 읽어 볼까요?

　드디어 형조와 한성부 나졸들을 풀어서, 대궐 문 앞에서 호소 하려는 선비를 한강 건너로 몰아내 버렸다. 여러 고을에서 모두 유학자들을 두려워하여 감히 영을 거행하지 못했는데 대원군이 먼저 한 고을 원을 파면시키고 중한 벌을 내리니 이에 여러 도에 서도 두려워하게 되었다. 그리하여 단숨에 서원을 철폐시킬 수 있 었다. 대원군은 다시 팔도에다 암행어사를 보내 사족으로서 평민 을 침해한 자가 있으면 그 몸에 죄를 주고 그 재산을 몰수하니, 떵 떵거리는 집안들도 숨을 죽이고 감히 나쁜 짓을 하지 못하였다. 이 때문에 백성들이 춤추고 칭송하는 소리가 천지를 진동하였다.

　이처럼 대원군의 개혁은 왕권을 바로 세우고 백성들을 아끼고 사 랑하는 마음에서 추진된 것입니다. 기득권을 가진 일부 유림이 대원 군을 욕할 수는 있겠지만 그게 대원군에 대한 진실은 아닙니다.

판사　　그렇다면 경복궁 중건은 어떻습니까?

이대로 변호사　　경복궁은 1592년 임진왜란으로 타 버린 후 300년 가깝도록 폐허로 있었습니다. 그래서 피고는 왕 권의 위엄을 세우기 위해 경복궁을 다시 짓기로 결심한 것 이지요.

김딴지 변호사　　▶그래서 백성을 위한다는 사람이 농번기 에 3만 명이 넘는 사람들을 불러내고, 상평통보의 100배

교과서에는

▶ 조선 후기에 사용되던 상 평통보의 100배의 가치를 지닌 화폐로 흥선 대원군이 발행하였습니다. 이를 대량 으로 발행한 결과 화폐의 가 치가 떨어지고 물가가 치솟 게 되었지요.

의 가치로 당백전까지 발행했단 말입니까?

판사 피고 측 변호인 어떻게 생각하십니까?

이대로 변호사 네, 물론 그 부분에서는 피고의 개혁이 무리한 점이 있었던 것은 사실입니다. 하지만 서원 철폐에 대해서는 일반 백성들이 앓던 이가 빠진 것처럼 시원하게 여겼던 것이 분명합니다. 또 백성들은 특권만 누리던 양반들에게서 평등하게 세금을 거둔 정책도 크게 환영했습니다. 어쨌든 피고가 펼친 정책에 대한 증인의 의견은 잘 알겠습니다. 하지만 이 자리는 쇄국 정책에 대해 평가하는 자리이니만큼 다시 그 질문으로 돌아가도록 하지요. 증인을 비롯한 보수파 유림은 위정척사 운동을 이끌며 강력한 쇄국 정책을 주장한 것이 사실이지요?

최익현 그렇습니다. 나는 서양과 일본을 배척하기 위해 의병을 이끌다가 쓰시마 섬에서 단식 투쟁을 벌였고 순국하였지요.

판사 그럼 증인은 개항을 반대했군요. 그렇지 않습니까?

최익현 물론입니다.

판사 그렇다면 분명히 쇄국 정책에 대해서는 흥선 대원군과 뜻을 함께했던 셈이지요?

최익현 하하하, 나는 그렇게 생각하지 않습니다. 흥선 대원군은 그저 상황에 따라 정치적인 입장을 취한 것뿐이지요.

판사 정치적인 입장이라고요?

최익현 그렇습니다. 흥선 대원군은 오직 왕권을 강화하고 반대 세력을 탄압하는 데 골몰한 인물이지요. 한때는 서양 세력이 조선에

왜 흥선 대원군은 쇄국 정책을 펼쳤을까?

밀려들어 올 것을 걱정하여 천주교를 용인하려고 했지요. 조선의 문화와 전통을 뒤집어엎는 것 따윈 상관없었던 것입니다. 흥선 대원군의 쇄국 정책은 나와 같은 유림의 압력이 두려워 억지로 추진된 일일 뿐입니다.

최익현의 말에 방청석이 술렁거리기 시작했다.
"아니, 그렇다면 지금 흥선 대원군이 법정에 선 것이 아무런 의미도 없다는 거야?"
"쇄국 정책 때문에 불려 나온 건데, 쇄국 정책을 추진한 것이 아니라니?"
"무슨 이유 때문이든 간에 정책을 결정하는 자리에 있었으니까 책임은 있는 거 아닐까?"

판사   알겠습니다. 증인의 말씀을 정리하면 흥선 대원군은 처음부터 쇄국 정책을 펼치려고 했던 게 아니었군요. 그렇다면 오늘날 흥선 대원군을 쇄국 정책의 대명사처럼 여기는 것은 잘못된 것으로 봐도 되겠네요?

최익현   그렇습니다. 흥선 대원군의 행보는 당시 위태한 정권을 유지하기 위해서였습니다. 천주교를 박해한 것도 마찬가지 이유에서였고요. 우리가 신념에 따라 위정척사를 주장한 것과는 전혀 다른 일이지요.

판사   알겠습니다. 재판은 여기서 정리하도록 하지요. 첫째 날인 오늘 재판에서는 원고 박규수가 개화사상을 지지하게 된 이유, 피고 홍선 대원군이 고종을 대신해 권력을 행사한 과정과 그의 개혁 정책에 관해 들어 보았습니다. 피고가 쇄국 정책을 주장한 이유는 본 재판의 핵심적인 부분이니만큼 다음 재판에서 더 깊이 이야기해 보도록 하겠습니다. 쇄국 정책의 원인과 그 결과도 그때 따져 보도록 하지요. 그럼 오늘 재판은 이것으로 마칩니다.

땅, 땅, 땅!

위정척사 운동은
어떻게 전개되었을까?

위정척사(衛正斥邪)란 옳은 것은 지키며 삿된 것은 배척한다는 뜻을 담고 있습니다. 위정척사 운동을 이끌었던 사람들은 이항로, 기정진, 김평묵, 최인석, 유인석 등 보수적인 유학자들이었습니다. 이들 유학자들에게 옳은 것이란 전통적으로 이어지는 유교의 가르침이며, 삿된 것이란 유교의 가르침을 어기는 모든 학문과 사상, 다시 말해 조선 말기에 몰아닥친 서양의 학문과 사상, 천주교 등을 뜻했습니다. 그래서 유생들은 충효를 강조하는 유학의 가치관과 중국에 대한 사대 사상을 지키기 위해 서양의 학문과 종교, 사상을 배척했던 것입니다.

위정척사 운동의 전개

1860년대	척화 주전론, 통상 반대론(이항로, 기정진)
1870년대	개항 반대 운동(최익현, 유인석)
1880년대 초	개화 반대 운동(이만손, 홍재학)
1890년대	을미 의병(유인석, 기우만)

위의 표에서 알 수 있듯이, 1860년대와 1870년대에는 이항로, 기정진, 최익현, 유인석 등이 서양 강국과 통상하는 것을 반대하고 그들의 침략에 무력으로 맞서야 한다고 주장했습니다. 흥선 대원군이 물러나고 불평등한 강화도

조약이 체결되자, 유림들은 일본이 서양과 한통속이라는 '왜양일체론'을 앞세워 개화를 반대했습니다. 최익현은 일본과 통상을 맺어서는 안 될 다섯 가지 이유를 내세워 광화문 앞에서 '지부소'를 올리기도 했습니다. 그 다섯 가지 이유는 다음과 같습니다.

1. 조선이 약점을 가진 채 통상 조약을 서두르면 일본에게 주도권을 빼앗겨 휘둘릴 수 있다.
2. 조선의 한정된 농산품과 일본의 무한한 공산품을 교역하면 조선의 경제가 무너진다.
3. 일본은 본질적으로 서양 오랑캐와 똑같다.
4. 조약을 맺을 경우 일본인이 조선 땅에 거주할 것이며, 재물을 빼앗고 부녀자들을 겁탈할 것이다.
5. 왜적은 재물과 여색만 아는 금수들과 다르지 않다.

1880년대부터 본격적으로 개화 운동이 시작되자 유림들은 1만여 명의 유생이 참여한 영남 만인소를 비롯해 전국적인 개화 반대 운동에 나섰습니다. 하지만 그들의 개항 개화 반대 운동에 아랑곳없이 조선은 빠른 속도로 서양 각국과 일본의 영향을 받았으며 나라가 차츰 기울고 있었습니다. 1894년에 일어난 일본군의 경복궁 점령 사건, 이듬해에 일어난 을미사변 등에 격분한 유생들은 을미 의병(1895), 을사 의병(1905), 정미 의병(1907) 등을 일으켰습니다. 전국 각지에서 의병장이 되어 의병을 이끌었던 유생들은 관군과 일본군의 탄압을 받자 해외로 망명해 독립군 지도자가 되었습니다.

다알지 기자

안녕하세요. 역사공화국 법정 뉴스의 다알지 기자입니다. 여기는 박규수 대감과 흥선 대원군의 재판이 있는 한국사법정 앞입니다. 오늘 재판은 박규수 대감이 어떻게 개화사상을 받아들이게 되었는지, 그리고 흥선 대원군은 어떻게 권력을 쥘 수 있었는지 그 과정들을 살펴보았다고 하는데요. 특별히 고종이 증인으로 출두하여, 당시 세도 정치로 인해 문란해진 정치 기강을 바로 세우기 위해 흥선 대원군이 펼쳤던 개혁 정책에 대해서 이야기했다고 합니다. 한편 원고 측은 피고 측 증인 최익현을 통해서 원고 측에 유리한 증언을 이끌어 내는 성과를 보았다고 하는군요. 말씀드리는 순간 원고 측 변호인 김딴지 변호사와 피고 측 변호인 이대로 변호사가 법정을 나서고 있습니다. 이번 재판에 대해 직접 인터뷰를 진행하도록 하겠습니다. 김딴지 변호사님! 이번 재판의 주제는 무엇이었고, 현재 상황은 어떻습니까? 한 말씀 해 주시지요!

김딴지 변호사

　　이번 재판에서는 박규수 대감의 개화사상에 대해 이야기하고, 이를 반대했던 흥선 대원군의 정치적 실책을 예리하게 비판하며 선전했다고 생각합니다. 먼저 원고의 개화사상이 그의 조부인 박지원에서 비롯되었고, 두어 번에 걸친 청나라 연행을 통해 더욱 발전하였음을 확실하게 알렸습니다. 당시 조선에 문호 개방이 필요하다고 주장했던 것도 그의 생각이 앞서 있었기 때문이었음을 확인할 수 있는 시간이었지요. 반면, 피고 흥선 대원군은 혼란스러운 시기에 어린 아들을 왕위에 앉히고 스스로 권력을 쥐고 흔들며 나라를 제대로 지키지 못했습니다. 원고 측에서는 조선이 약소국에 머물도록 한 책임이 피고에게 있음을 주장했습니다. 많은 이들이 그의 독재적인 정치에 대해서 인정하는 눈치였습니다. 다만 쇄국 정책의 장본인이냐 아니냐에 대해서는 좀 더 살펴보아야 하는 만큼 남은 재판에서는 더욱 철저하게 준비해서 원고의 억울함을 제대로 호소하도록 하겠습니다.

이대로 변호사

오늘 재판은 조금 아쉬움이 남습니다. 피고 측 증인으로 선 최익현이 피고 흥선 대원군의 정책에 반대했던 사람이라 조금은 불리한 증언을 했기 때문입니다. 그럼에도 그를 증인으로 세운 것은, 흥선 대원군이 쇄국 정책의 장본인으로서 보수적인 정책으로 조선을 망하게 하였다는 비난을 바로잡기 위함이었습니다. 최익현은 이항로와 함께 위정척사를 주장한 대표적인 인물로 흥선 대원군의 대내적 개혁 정책을 반대한 것으로 유명합니다. 이번 재판을 통해 흥선 대원군이 조선 말기의 잘못된 성리학적 질서를 바로잡기 위해 노력하며 많은 개혁을 단행했음을 증명해 보였다고 생각합니다. 물론 그 과정에서 흥선 대원군이 잘못했던 부분들이 드러나기도 했지만, 대내외적으로 나라를 새롭게 세워 나가야 했던 상황에서 부분적인 실책은 이해해야 한다고 생각합니다. 일단 오늘 다 보여 드리지 못한 부분은 남은 재판에서 제대로 밝힐 예정이니 나라를 위한 흥선 대원군의 마음을 믿어 주시기 바랍니다.

서양 열강의 통상 요구와
흥선 대원군의 쇄국 정책

1. 흥선 대원군은 왜 천주교를 박해했을까?
2. 박규수는 왜 제너럴셔먼호를 공격했을까?

흥선 대원군은
왜 천주교를 박해했을까?

첫째 날 재판에서 피고 측 증인으로 불려 나온 최익현이 오히려 흥선 대원군을 공격했다는 소식이 퍼지자, 둘째 날 법정 안은 더 많은 방청객으로 붐볐다.

"역시 이대로 변호사는 김딴지 변호사에게 밀린다니까."

"맞아. 자기편끼리 싸우는 꼴이지 뭐야."

"오히려 흥선 대원군이 쇄국 정책에 대한 책임을 피할 수 있게 된 게 아닐까."

"별 생각도 없이 정책을 추진한 책임은 어쩌고?"

이런저런 의견이 분분한 가운데 둘째 날 재판이 시작되었다.

판사   박규수가 흥선 대원군에게 제기한 쇄국 정책의 책임 문제에 대한 두 번째 재판을 시작하겠습니다. 오늘은 본격적으로 피고가 쇄국 정책을 지지한 이유와 과정에 대해 살펴보기로 하지요. 먼저 지난번 재판의 말미에 언급된 피고가 쇄국 정책을 주장한 이유에 대해서 알아보겠습니다. 원고 측 변호인부터 발언하시지요.

김딴지 변호사　피고가 천주교를 박해한 사건인 **병인박해**는 이후 **병인양요**로 이어집니다. 앞서 증인 최익현은 피고가 천주교를 박해하고 쇄국 정책을 펼친 것이 단지 정권을 유지하고 유림 세력의 지지를 받으려는 목적 때문이었다고 말했습니다. 하지만 이것이 진실이라면, 한 나라의 최고 책임자이면서도 세계정세에 대한 정확한 판단을 하지 못한 채 정권에 연연해 대외 정책을 결정했다는 말이 됩니다. 피고는 이에 대한 정당한 책임을 져야 할 것입니다.

판사　그렇군요. 충분히 그런 비난을 받을 소지가 있습니다.

김딴지 변호사　정치적인 목적으로 천주교를 탄압했음을 보여 주는 증거가 또 있습니다. 알려진 바로는 피고는 천주교에 대해 오히려 호의적인 감정을 가지고 있었다고 합니다.

판사　호의적인 감정을 가졌다니요?

김딴지 변호사　그렇습니다. 흥선 대원군이 집권 후 천주교인들을 석방한 일이 있습니다. 또, 흥선 대원군의 부인인 여흥부대부인 민씨와 딸이 천주교인이었고요.

판사　그것 참 흥미로운 사실이군요.

병인박해는 1866년, 조선 정부가 천주교인 8000여 명과 프랑스 신부 12명 중 9명을 학살한 종교 탄압을 가리킵니다. 이때 탈출한 프랑스 신부가 중국 톈진에 머물고 있던 로즈 제독에게 이 사실을 알리게 되어, 같은 해 가을 프랑스 함대가 강화도를 침략하는 병인양요의 원인이 되었습니다.

병인양요
1866년인 고종 3년, 프랑스가 대원군의 천주교 탄압을 구실로 조선의 문호를 개방시키고자 강화도를 침범함으로써 일어난 사건을 가리킵니다.

영세
가톨릭교를 믿기 시작한 사람에게 지금까지의 모든 죄악을 씻는다는 의미로 시행하는 가톨릭교의 독특한 의식 중 하나입니다.

김딴지 변호사　　그에 대해 자세히 알아보기 위해 여흥부대부인 민씨를 증인으로 신청합니다.

　　김딴지 변호사의 말에 방청석에서는 박수가 터져 나왔다. 피고의 부인을 원고 측 증인으로 내세우다니, 아무도 생각지 못한 일이었던 것이다. 판사의 허락이 떨어지자 여흥부대부인 민씨가 증인석으로 나가 선서했다. 선서를 마친 여흥부대부인 민씨는 슬쩍 피고석 쪽의 흥선 대원군을 바라보았다. 아무래도 원고인 박규수 측에서 증언하기가 미안한 모양이었다.

판사　　증인, 자기소개부터 해 주세요.

여흥부대부인 민씨　　나는 흥선 대원군의 아내이자, 고종의 어머니입니다. 공조 판서 민치구의 딸로 태어나 흥선 대원군에게 출가했습니다. 슬하에 2남 1녀를 두었는데 그중 둘째 아들 재황이 왕위에 오른 뒤 여흥부대부인으로 칭해지고 있습니다.

김딴지 변호사　　기록에 따르면 증인께선 천주교를 깊이 믿으셨다고 하던데 맞습니까?

여흥부대부인 민씨　　그래요. 난 재황이 왕위에 올랐을 때 운현궁에서 감사의 미사를 드릴 정도로 천주교에 대한 믿음이 깊었지요. 하지만 영세를 받은 것은 그로부터 30년도 더 지난 1896년이었으니 그동안 마음고생이 여간 심한 게 아니었어요.

김딴지 변호사　　증인은 본래 천주교 신자였으나 왕실과 나라의 평화를 위해 드러내 놓고 신앙 행위를 하지 못하다가 30여 년이나 지난 뒤에 영세를 받았다는 말씀이시군요. 그렇게 된 것은 천주교에 대한 탄압 때문이었지요?

여흥부대부인 민씨 맞아요.

김딴지 변호사 피고인 대원군도 증인이 천주교에 깊이 빠져 있는 것을 알았을까요?

여흥부대부인 민씨 아마 천주교에 관심이 있나 보다 정도였을 거예요.

김딴지 변호사 결국 증인께선 왕실과 나라의 평화를 위해 30년이 넘도록 마음고생을 했고, 그 뒤 조선 정부가 천주교를 공인하고서야 정식으로 영세를 받은 것이군요?

여흥부대부인 민씨 맞아요. 누구라도 종교의 자유는 보장되어야 하지 않겠어요? 역사공화국에서는 그런 자유가 있어서 정말 다행이에요. 남편이 천주교인을 냉혹하게 박해한 일은 지금까지도 원망스럽답니다.

김딴지 변호사 피고 흥선 대원군의 가족이 천주교를 믿었고, 피고를 따르는 이들 중에도 천주교인이 꽤 있었다고 알고 있습니다. 그런데 왜 피고는 천주교인을 박해한 것일까요?

여흥부대부인 민씨 그 무렵 대원군을 위협하는 또 다른 세력이 있었기 때문이에요.

김딴지 변호사 대원군의 개혁 정책에 반발했던 유학자들을 말씀하시는군요?

여흥부대부인 민씨　　네. 앞서 최익현 대감도 말씀하셨지만, 남편은 서원을 철폐한다 경복궁을 중건한다 하면서 유림의 인심을 완전히 잃었어요. 그런데 유림이 가만히 보니까 대원군 주변 사람들 중에 천주교인이 제법 많았던 거예요. 심지어 나까지……. 그런 마당에 대원군이 프랑스 주교들을 만나 천주교 신앙의 자유를 주느니, 성당을 새로 지어 준다느니 하는 소문이 꼬리를 물고 이어졌어요. 그러니 남편의 기세를 꺾으려던 유학자들은 이거 잘됐구나 싶었겠지요.

김딴지 변호사　　결국 대원군은 유림의 지지를 얻기 위해 천주교를 박해했다는 말씀이군요?

여흥부대부인 민씨　　내 남편 흥선 대원군이 고집은 셌지만 의외로 새가슴이었거든요.

그 말에 방청객들이 웅성거리거나 킥킥 웃었다.

김딴지 변호사　　겁이 많았다는 뜻인가요?

여흥부대부인 민씨　　맞아요. 난 느낀 그대로 말한 거예요. 뭐, 아까도 말했지만, 아내인 나까지 천주교에 깊은 관심을 가지고 있는데 왜 굳이 천주교인을 죽이려고 했겠어요? 유림의 반발을 잠재우려고 그런 짓을 저질렀으니 새가슴이 아니고 뭐겠어요?

김딴지 변호사　　감사합니다.

판사　　좋습니다. 이번엔 이대로 변호사가 반대 신문을 하세요.

이대로 변호사　　증인, 증인이 정말 독실한 천주교 신자였는지 증명

　　왜 흥선 대원군은 쇄국 정책을 펼쳤을까?

할 수 있습니까? 증인은 왜 그 당시 대부분의 천주교인들처럼 자신
의 종교를 지키기 위해 목숨을 걸고 맞서지 않았나요? 왕의 어머니
인 증인이 천주교를 위해 앞장섰다면 그처럼 많은 천주교인들이 희
생당하진 않았을지도 모르는데…….

이 말에 증인인 여흥부대부인 민씨의 얼굴이 굳어졌다. 방청객들
이 이대로 변호사에게 야유를 보냈다.

여흥부대부인 민씨   지금 생각해 보면 그 말도 옳은 것 같군요. 하지만 그 무렵에는 여필종부라 하여 아내가 남편을 하늘처럼 섬겨야 했어요. 그러니 내가 감히 그런 일에 나설 수 있었겠어요? 왕의 어머니로서 나라에서 대대적으로 탄압하는 천주교를 믿는다는 게 여간 괴롭지 않았어요.

이대로 변호사   판사님, 이 부분에 대해서는 피고의 이야기를 직접 들어 보고 싶습니다.

판사   인정합니다. 피고, 지금 증인이 하는 말이 모두 사실인가요?

흥선 대원군   그렇습니다. 하지만 권력에 대한 욕심 때문에 천주교를 박해했다는 것은 나에 대한 모욕입니다.

성리학만을 정통 학문으로 인정한 조선에서 천주교는 계속 이단시되어 왔습니다. 내가 정권을 잡았을 때에만 천주교에 대한 탄압이 이루어진 것이 아닙니다. 조선 말기에는 왕이 바뀔 때마다 한 번씩 천주교에 대한 대대적인 탄압이 있었고요. 1801년의 신유박해, 1839년의 기해박해, 1846년의 병오박해 등이지요.

1866년, 청나라에서 천주교 박해가 시작되었다는 소식이 전해지자, 나에게 반감을 가졌던 모든 세력이 한꺼번에 들고일어날 기미를 보였습니다. 나로서는 다른 선택이 없었어요. 최고의 지위에 있었던 만큼 국가를 안정시킬 책임을 느꼈습니다. 아직 나의 위치가 굳건하지 못하던 때였으니까요. 내가 물러나면 또 안동 김씨의 세도 정치가 판을 쳤겠지요. 천주교에 대한 탄압 정책은 대의에 따른 것이었습니다.

김딴지 변호사　당시 상황에 대해 더 자세히 알아보기 위해 증인 베르뇌 주교의 이야기를 들어 보고 싶습니다.

판사　허락합니다.

　신부복을 단정히 차려입은 베르뇌 주교가 선서를 한 뒤 증인석에 앉았다.

판사　증인, 자기소개를 해 주십시오.

베르뇌 주교　나는 파리 외방 전교회 소속의 프랑스인 선교사로 이름은 시메옹프랑수아 베르뇌라고 합니다. 한국 이름은 장경일이지요. 조선 천주교회 교구장 페레올 주교가 병들어 죽자, 그 후임으로 조선에 입국했습니다. 1866년 홍선 대원군의 천주교 탄압인 병인박해 때 순교했지요.

　외국인인 베르뇌 주교가 한국어로 또박또박 말하자, 모두들 눈이 휘둥그레졌다.

김딴지 변호사　당시 극심한 탄압에도 불구하고 조선에서 천주교 신자가 꾸준히 늘어났던 까닭은 무엇이었습니까?

베르뇌 주교　세도 정치와 탐관오리 때문에 삶이 피폐해진 백성들은 새로운 세상이 열리기를 바라고 있었습니다. 현실에서 아무런 희망도 가질 수 없었기 때문일 것입니다. 그래서 나라에서는 더욱더 천주교 탄압에 열을 올렸는지도 모르겠습니다.

김딴지 변호사   그런 상황에서 조선에 입국하신 이유는 무엇입니까?

베르뇌 주교   그것이 옳은 일이라고 생각했기 때문입니다. 종교적인 신념이지요. 나는 뮈텔 주교, 리델 신부 등과 함께 조선에 천주교를 알리기 위해 노력했습니다. 고종이 즉위하기까지 천주교인의 수가 2만여 명에 이르렀습니다. 앞서 나오신 여흥부대부인도 천주교 신자였지요.

김딴지 변호사   초기에는 흥선 대원군이 조선에서 천주교를 믿는 것을 허락해 주겠다는 제안을 했던 것으로 알고 있습니다.

베르뇌 주교   정치적인 이유로 흥선 대원군이 내게 그런 제안을 한 적이 있기는 합니다.

김딴지 변호사   그 일에 대해 설명해 주시겠습니까?

베르뇌 주교   병인박해가 일어나기 전의 일이지요. 흥선 대원군은 러시아가 조선에 들어오는 것을 막기 위해 프랑스의 힘을 빌리고 싶어 했어요. 그래서 나를 찾았던 거예요. 그는 중국과 일본이 서양의 압력 때문에 결국 문호를 열고 말았다는 소식을 전해 듣고 대처 방법을 고민하고 있었거든요. 조선에 서양 세력이 밀려들어 올 날이 멀지 않았다고 생각한 것이지요. 마침 러시아가 시베리아에 이어 남쪽으로 내려와 조선과 교역하려고 했고요. 그들은 함경도 경흥부로 몇 차례 사람을 보내 통상을 요구했는데, 즉시 조선 조정에도 알려지게 되었지요. ▶흥선 대원군은 그 일로 지레 겁

교과서에는

▶ 1860년에 청나라 베이징이 서양 세력에 의해 함락되고, 두만강을 사이에 두고 조선과 러시아가 국경을 접하게 되자, 조선에서는 러시아를 비롯한 서양 세력을 경계하게 됩니다. 흥선 대원군은 러시아에 위협을 느끼고, 프랑스 선교사를 통해 프랑스의 힘을 빌려 러시아 세력을 막아 보고자 하였습니다.

을 먹고 내게 도움을 요청했던 거예요.

이대로 변호사　판사님, 러시아는 실제로 통상만이 아니라 다른 서양의 강대국들처럼 조선을 넘보고 있었습니다.

판사　피고 측 변호인 말씀 알겠습니다. 일단 증인의 말을 더 들어 보겠습니다.

베르뇌 주교　러시아는 통상을 요구한 것이지만, 흥선 대원군은 그들을 믿지 않았어요. 중국이 아편 전쟁에서 패배해 문호를 열었고 일본도 미국 등의 무력 앞에 무릎을 꿇었으니까요. 그때만 해도 조선은 중국을 대국으로 섬기는 입장이었지요. 위대해 보이던 나라가 아편 전쟁 때 맥없이 무너지는 것에 충격을 받았겠지요.

김딴지 변호사　왜 흥선 대원군의 제안을 받아들이지 않으셨나요?

베르뇌 주교　그 제안을 처음 한 것은 여흥부대부인이었어요. 그때 그분 주위에는 남종삼, 홍봉주, 이신규, 박마르타를 비롯한 천주교인들이 있었는데, 모두 조선에서 천주교를 마음껏 믿을 수 있기를 간절히 바라고 있었지요. 그래서 조선과 프랑스, 영국 3국이 동맹을 맺으면 러시아의 남하 정책을 충분히 막을 수 있을 것이라고 흥선 대원군을 설득했을 겁니다. 그때 조선에서는 나를 포함해 프랑스 신부 열두 명이 몰래 선교를 하고 있었어요. 하지만 아무리 대원군의 명령이라 해도 조선 땅에서 몰래 숨어 지내던 우리들에게 어떻게 재빨리 연락이 닿을 수 있었겠습니까? 지금처럼 이메일이나 휴대폰이 있는 시절도 아니었으니…….

김딴지 변호사　결국 제안이 결렬되었군요?

배교
믿던 종교를 배반하는 것을 가리키는 말로, 종교를 바꾸는 것을 이전에 믿던 종교의 입장에서 이르는 말입니다.

베르뇌 주교 여러 사람을 통해 겨우 연락이 닿았는데, 그땐 이미 러시아의 통상 요구도 뜸해져 있었지요. 게다가 프랑스 신부들은 정치인이나 관리가 아니라 종교 지도자입니다. 외교 문제에 크게 힘을 발휘할 수 없었지요. 하지만 그때까지 흥선 대원군은 천주교에 대해 그렇게 나쁜 감정을 가진 것 같지는 않았어요. 뒤에 병인박해를 일으킨 것이 의외였지요.

김딴지 변호사 전하는 이야기로는 대원군이 베르뇌 주교를 체포한 뒤 천주교를 포기할 것을 설득했다는 말도 있는데 그 부분도 설명해 주시겠습니까?

베르뇌 주교 나는 1866년에 체포되었어요. 내 발에 쇠고랑을 채우고 밧줄로 무릎을 묶었지요. 또, 두 팔은 의자 뒤로 묶어 꼼짝 못하게 만들었어요. 그러고는 "천주교를 배교하고 프랑스로 돌아간다면 목숨만은 살려 주겠다."라고 했지요. 그때 나는 큰 소리로, "쓸데없는 말 그만두고 당신 마음대로 하시오."라고 외쳤어요. 나는 종교적인 신념을 지키기 위해 그리 말했지만, 성질이 불 같았던 흥선 대원군은 격노해 나를 사형시켰지요. 또 함께 활동하던 다른 신부들도 대부분 죽임을 당했어요. 천주교를 믿던 조선 사람 8000명도 붙잡혀 목숨을 잃었고요.

김딴지 변호사 결국 그때 천주교 탄압이 빌미가 되어 프랑스와 조선 간의 전쟁인 병인양요가 일어났지요? 이후 흥선 대원군은 더욱 완강하게 쇄국 정책을 펼치게 되었고요.

왜 흥선 대원군은 쇄국 정책을 펼쳤을까?

베르뇌 주교   후의 일이야 내가 정확히 알 수는 없지만, 목숨을 구한 신부들이 프랑스로 돌아가 프랑스 정부에 이런 일을 알린 것은 사실이에요.

김딴지 변호사   감사합니다. 이상으로 신문을 마치겠습니다.

2

박규수는 왜 제너럴셔먼호를
공격했을까?

이대로 변호사　판사님, 프랑스가 병인양요를 일으킨 진짜 이유는 천주교 탄압을 구실로 제국주의 세력을 넓히려는 것이었습니다! 게다가 원고 측은 천주교 박해나 쇄국 정책으로 피고를 비난할 자격이 없습니다. 박규수 역시 미국 무역선인 제너럴셔먼호를 공격하여 신미양요를 촉발시켰으니까요.

판사　그렇군요. 확실히 그 사건은 개화사상과는 거리가 있어 보입니다.

이대로 변호사　제너럴셔먼호가 침몰된 사건에 대해 자세히 알아보기 위해 원고의 이야기를 직접 들어 보고 싶습니다.

판사　그렇게 하십시오.

이대로 변호사　원고는 1866년 평안 감사로 부임해 있을 때 통상을 요구하는 민간 무역선인 제너럴셔먼호를 격파하셨지요? 그 일로 흥선 대원군의 신임을 받기도 했고요. 그런데 이제 와서 흥선 대원군을 비난할 자격이 있습니까?

1865년 일본 나가사키항 주변의 프랑스 함대의 모습

박규수 내가 대동강에서 제너럴셔먼호를 침몰시킨 것은 사실입니다. 제너럴셔먼호는 민간 무역선으로 통상을 요구하고 있었지만, 신식 무기로 우리를 위협했습니다. 주권이 있는 나라에서 그러한 행동을 그냥 보고 있을 수는 없지 않습니까? 무역에도 예의가 있는 것입니다. 그들은 우리 쪽에서 몇 번이나 물러갈 것을 요청했는데도 꿈쩍도 하지 않았어요. 나중에는 대동강에 보트를 띄워 강의 깊이를 재고 물길을 알아보는 정찰 활동까지 했습니다.

판사 원고는 평안 감사로서 그런 행동을 용납할 수 없었겠군요.

박규수 그렇습니다. 게다가 장수 한 명을 포로로 데려가더니 돌려보내는 조건으로 막대한 물품을 요구해 왔습니다.

이대로 변호사 판사님, 제너럴셔먼호에는 토머스라는 개신교 목사도 타고 있었습니다. 평소에 통상 개화를 주장했는데, 통상을 요구했던 제너럴셔먼호를 침몰시킨 것은 모순이 아닐까요?

제너럴셔먼호
제너럴셔먼호는 미국의 상선으로 1866년에 서해안 백령도를 거쳐 대동강을 통해 평양 지역에 도착해 통상을 요구했습니다. 박규수 등이 이를 거절하자 제너럴셔먼호는 횡포를 부리다가 평양 관민들의 저항을 받아 배가 불에 타 침몰했고 선원들은 모두 처형되었습니다.

박규수 물론 개화를 지지하는 입장에서 왜 그런 행동을 했는지 의아하게 생각할 수도 있습니다. 하지만 당시만 해도 나는 통상이나 개화를 적극적으로 주장한 것은 아닙니다. 더구나 나는 흥선 대원군의 개혁 정책에 대해 찬성하는 입장이었고, 신임도 받고 있었어요. 신하로서 최고 권력자의 뜻을 어길 수도 없었고요.

이대로 변호사 그것은 변명에 지나지 않습니다. 흥선 대원군은 지방관의 재량권을 인정하고 있었습니다. 조정에서는 제너럴셔먼호에 대해 연락을 받고 평안 감사의 권한으로 그 일을 알아서 처리하라는 공문까지 내려보냈습니다. 그런데도 스스로 미국 상선을 침몰시킨 것 아닙니까?

박규수 그건 이대로 변호사가 모르고 하는 말입니다. 어떤 나라에서든 통상을 하려면 먼저 정식으로 관리를 보내 요구하는 것이 당연한 절차입니다. 제너럴셔먼호는 미국의 상선이었습니다. 그런 배가 무턱대고 서해안을 거쳐 대동강을 거슬러 올라와서는 개신교를 전하겠다느니 무역을 하겠다느니 졸라 댔고, 내 부하들이 철수를 요구하는데도 함포를 쏘았단 말입니다. 내가 아무리 통상과 개화를 염두에 두고 있었다고 해도 용납할 수 없는 야만적인 행위였지요.

판사 그렇다면 흥선 대원군과 원고의 생각이 서로 달라진 것은 언제쯤부터입니까?

박규수 신미양요가 일어나기 전인 1869년(고종 6) 무렵, 일본이 조선에 국교를 요청하는 문서를 보내온 일이 있었습니다. 그때 대원

왜 흥선 대원군은 쇄국 정책을 펼쳤을까?

군과 일부 관리들은 일본이 외교 문서에 '천황'이니 '봉칙'이니 하는 용어를 사용했다며 요청을 거절했습니다. 하지만 나는 이때 문호를 열어야 한다고 건의하였지요. 일본은 이미 1854년에 문호를 연 뒤 메이지 유신을 추진해 국력이 한창 커지고 있었습니다. 흥선 대원군과 여러 대신들은 그런 변화와 발전은 무시한 채 일본을 여전히 미개국으로 얕보았던 것입니다.

판사 피고, 원고의 주장이 사실입니까?

흥선 대원군 이전까지 일본은 조선에 문서를 보낼 때 쓰시마 섬을 거쳤는데, 그때는 그 관례를 보란 듯이 깼습니다. 또 일본의 왕은 '천황'이라고 칭하면서 조선은 '귀국'이라고 낮추었지요. 어떻게 그런 외교 문서를 받아들일 수 있겠습니까?

김딴지 변호사 판사님, 피고는 시대의 흐름을 완전히 무시하고 있었습니다. 무조건 문을 꼭꼭 닫아건다고 해결될 일이 아니었는데 말입니다. 당시 조선은 빨리 서양의 선진 문물을 받아들여 부국강병을 이루어야 했어요. 그것이 조선을 지키는 길이기도 했고요. 일본은 우리가 수교하지 않으면 침략해 올 것이 분명했지요.

박규수 김딴지 변호사의 말이 맞습니다. 나는 이래서야 조선이 어떻게 우물 안 개구리 신세를 면할까 걱정이었습니다. 내 예상대로 조선은 적절한 문호 개방의 시기를 놓쳐 후에 불평등한 강화도 조약을 맺게 되었고, 그것이 원인이 되어 일제의 식민지로 전락하고 말았지요. 프랑스와의 사이에서 일어난 병인양요, 미국과의 사이에서 일어난 신미양요 등의 전쟁이 일어나자, 나는 답답한 마음을 감출 수가 없었습니다. 그래서 아우 박선수에게 이런 편지를 보내기도 했지요.

우리나라 사람들은 걸핏하면 예의지방이라고 주장하지만, 나는 이러한 주장이 고루하다고 생각한다. 천하에 나라를 다스리면서 어찌 예의가 없는 경우가 있겠는가?

어느 나라나 자기 나라만의 예법을 가지고 있는 것입니다. 우리와 다르다고 하여 무조건 배척한다면 언제 다른 문물을 받아들여 자신의 것과 비교하고 더욱 발전하려 노력할 수 있겠습니까?

이대로 변호사   원고는 그래서 1876년 조선과 일본 사이의 병자수호조약 체결을 지지하신 겁니까? 몇 번만 개화를 지지하다가는 나라를 팔아먹겠군요?

이대로 변호사의 말에 원고 박규수가 눈에 핏발을 세우며 벌떡 일어났다.

박규수   뭐라고요? 어째서 그것이 내 잘못이란 말입니까? 그때는 이미 돌이킬 수 없을 정도로 국력의 차이가 심해졌기 때문에 달리 어쩔 도리가 없었던 겁니다!

판사   원고, 진정하세요. 그 부분에 대해서는 다음번 재판에서 좀 더 자세히 이야기해 보도록 합시다.

박규수　피고인 홍선 대원군은 두 번의 양요를 거뜬히 물리쳤다고 주장하지만 엄밀하게 말해 그건 사실이 아닙니다. 프랑스군과 미군이 스스로 물러났을 뿐입니다. 당시 조선군은 서양의 함선과 최신식 함포, 각종 무기들이 월등히 앞선다는 것을 절실히 느꼈으며 두려워했습니다. 하지만 대원군은 서양 문물의 눈부신 발전을 애써 외면하려 했던 것이지요. 그래서 신미양요 때 조선군 수백 명이 목숨을 잃었는데도 그것을 조선의 승리라고 포장했고요. 거기에다가 나는 고종과 명성 황후에게 강화도 조약을 권유해 나라의 운명을 기울게 만들었다는 비난까지 뒤집어쓰게 되었습니다. 그건 홍선 대원군이 내 말을 듣고 좀 더 일찍 개방을 준비했더라면 전혀 일어나지도 않았을 일이지요.

이대로 변호사　아니, 그런 비약이 어디 있습니까?

판사　이대로 변호사는 원고 측의 발언을 방해하지 마세요.

박규수　나는 병인양요와 신미양요가 일어난 후인 1874년(고종 11)에도 일본과 수교할 것을 적극 주장했습니다만 받아들여지지 않았습니다.

이대로 변호사　박규수 대감께선 병인양요가 일어났을 때에도 평안 감사로 계셨던 게 맞습니까?

박규수　맞소. 병인박해는 그해 1월에 시작되어 병인양요가 일어날 무렵인 10월에는 더욱 극심해졌지요. 그때 나는 대원군에게 편지를 보냈습니다. 많은 백성이 천주교를 믿는 것은 관리들이 올바른 정치를 하지 못한 탓이니, 천주교인들을 처벌하기보다는 올바르게

이끌어야 한다는 내용이었어요. 뿐만 아니라 내가 다스리던 평안도에서는 천주교를 믿었다는 이유로 희생된 사람이 단 한 명도 없었지요. 그래서였는지 대원군은 제너럴셔먼호를 격파한 내 공을 인정하면서도 계속 평안도에 머물게 했고, 나는 1869년 4월까지 3년 2개월이나 평안 감사로 있었습니다.

이대로 변호사 그렇다면 프랑스가 병인양요를 일으킨 것에 대해서는 어떻게 생각하셨습니까?

박규수 그때 강대국이었던 프랑스가 자기 나라 신부 아홉 명을 죽인 것을 이유로 조선 정부에 사죄를 요구한 것은 당연한 일이라

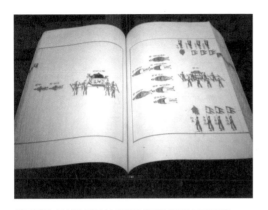

외규장각 도서의 일부(순원왕후신정왕후존숭도감의궤)

생각했어요. 만약 조선의 유학자가 어떤 후진국에 유교를 전하려다가 사형당했다면 조선 정부도 함대를 끌고 가 엄중하게 책임을 물었을 것입니다. 그렇게 하지 못한다면 그건 주권을 가진 나라라고 할 수도 없겠지요.

이대로 변호사   하지만 병인양요 때 프랑스군은 조선의 수많은 관청과 민가를 불태웠고 많은 민간인을 사살했습니다. ▶뿐만 아니라 외규장각에 보관되었던 조선의 문화재 3000여 점을 약탈해 지금까지 반환하지 않고 있고요. 그런 나라의 요구를 조선 정부가 호락호락 들어주어야만 했을까요?

박규수   (헛기침을 한 뒤) 그, 그건……. 하지만 그렇다고 피고의 쇄국 정책이 옳았다고 볼 수는 없소이다.

이대로 변호사   답변 감사합니다. 여기까지 하겠습니다.

판사   좋습니다. 양측의 변론과 증언으로 조선을 둘러싼 당시의 외교적 상황에 대해서 알 수 있는 시간이었습니다. 이제 양측 모두 마지막 재판을 준비하시기 바랍니다. 이것으로 둘째 날 재판을 마치도록 하겠습니다.

땅, 땅, 땅!

4대 천주교 박해 사건

조선에 전해진 천주교는 처음부터 지식인과 일반 백성들의 큰 관심을 끌었습니다. 그 무렵 조선 민중들 사이에서는 정감록 사상과 미륵 사상이 널리 퍼졌습니다. 이는 오랫동안 조선을 지배해 왔던 유교 사상에 많은 사람들이 싫증을 느낀 데다 탐관오리의 수탈에 시달린 나머지 새로운 세상이 오기를 갈망했기 때문이지요. 그런 때에 일부 실학자들에 의해 서학(천주교)이 소개되자 사람들은 열광했습니다. 인간은 모두 평등하며 이 세상은 하느님의 뜻에 따라 움직인다고 주장하는 서학에 큰 호기심을 느꼈기 때문입니다.

천주교 사상이 널리 전해지면서 유림 세력은 심각한 위기를 느끼게 됩니다. 조선 왕조를 오랫동안 지배해 왔던 전통 질서와 사상이 무너진다고 여겼기 때문입니다. 특히 천주교를 믿는 사람들이 왕이나 조상보다 하느님을 높이 섬기는 행위는 유생들로서는 도무지 받아들일 수 없는 일이었습니다. 그렇다 보니 우리나라에서 천주교가 공인받기 전까지 믿음을 지키려던 수많은 사람들이 희생되었습니다. 이를 '천주교 박해'라고 부르며 그중에서도 많은 천주교인이 희생되었던 사건을 4대 천주교 박해 사건이라고 부릅니다.

1) 신유박해

1801년, 순조가 열한 살의 나이로 왕위에 오르자 순조의 할머니인 정순 왕후가 수렴청정을 시작했습니다. 정순 왕후는 정치적인 반대파인 남인을 제거하려고 천주교 신자들을 탄압했는데, 이를 신유년(1801)에 일어난 박해라는 뜻으로 신유박해라고 부릅니다. 이 박해로 청나라 사람인 주문모 신부를 비롯해 권철신, 이승훈, 정약종 등 300여 명의 신도들이 목숨을 잃었습니다.

2) 기해박해

1839년 무렵, 권력을 잡았던 풍양 조씨들이 안동 김씨 가문을 억압하려고 일으킨 박해입니다. 엥베르 주교, 샤스탕 신부, 모방 신부 등 프랑스 성직자들과 유진길, 조신철 등 수많은 조선 천주교인이 순교했습니다.

3) 병오박해

병오박해는 1846년에 일어난 천주교 탄압을 가리킵니다. 이 무렵 조선인 최초로 사제가 된 김대건 신부가 몰래 귀국해 천주교를 전하고 있었습니다. 정부에서는 서양 학문과 사상을 배척한다는 쇄국 정책을 앞세워 김대건 신부를 비롯해 현석문, 남경문 등 여러 천주교인을 사형시켰습니다.

4) 병인박해

1866년에 일어난 천주교 박해입니다. 흥선 대원군은 러시아가 통상을 요구해 오자 영국, 프랑스 등과 손잡고 러시아를 견제하려 했습니다. 그를 위해 조선에서 활약하던 프랑스 주교와 회담을 가졌으나, 이런 사실이 유생들에게 알려지면서 큰 반발에 부딪혔습니다. 결국 흥선 대원군은 유생들의 반발을 무마시키기 위해 베르뇌 주교를 비롯한 서양 신부 9명과 조선 천주교인 8000여 명을 사형시켰습니다. 이 병인박해는 한국 천주교회 역사상 가장 큰 탄압으로, 프랑스 함대가 병인양요를 일으킨 원인이 되기도 했습니다.

왜 흥선 대원군은 쇄국 정책을 펼쳤을까?

다알지 기자

　　두 번째 재판이 끝났습니다. 이번에도 양측의 의견이 팽팽했는데요. 피고 홍선 대원군의 아내인 여흥부대부인 민씨가 원고 측 증인으로 나서서 많은 이들의 눈길을 끌었습니다. 홍선 대원군의 천주교 박해에 대해서 자세히 증언하여 객석을 술렁이게 했지요. 베르뇌 주교 역시 참담했던 병인박해의 상황을 낱낱이 밝혔습니다. 하지만 원고인 박규수 대감 또한 불평등한 강화도 조약을 권유하여 나라를 망하게 했다는 비판을 받고 있음이 드러났습니다. 원고이신 박규수 대감이 지금 막 나오시는군요. 잠깐 이야기를 나누도록 하겠습니다. 오늘 재판은 어떠셨습니까?

박규수

　　재판을 보신 분들은 잘 아시겠지만, 피
고인 홍선 대원군의 정치적인 실책이 잘 드러
난 시간이었다고 생각합니다. 피고는 단지 유림들
의 반발을 막으려는 정치적인 이유로 회담을 진행했던 천주교인들에
게 등을 돌리고 대대적인 탄압을 지시했습니다. 당시 얼마나 많은 사
람들이 끔찍하게 죽었는지는 역사가 말해 주고 있지요. 오죽했으면 여
흥부대부인 민씨가 원고 측 증인으로 나섰겠습니까? 이는 가족임에도
두둔할 수 없는 잘못이 피고에게 분명히 있다는 것을 반증하는 것입니
다. 특히 베르뇌 주교가 증언하기 시작하자 방청석이 술렁이기 시작했
는데요. 억울하게 참형을 당해야 했던 천주교인들의 안타까운 사연을
생생하게 들을 수 있는 기회였다고 생각합니다.

홍선 대원군

　내가 병인박해를 일으켜 많은 희생자를 내고 병인양요까지 이어지도록 한 것은 일부 인정합니다. 하지만 이 모든 것이 나의 잘못은 아닙니다. 물론 순수하게 선교하고자 조선에 왔던 사람들도 있겠지만, 외세는 그조차 조선의 문을 열고 들어와 삼키는 기회로 삼으려 했습니다. 그런데 그런 상황에서 원고의 주장대로 무작정 문호를 개방하는 것이 능사였을까요? 아닙니다. 나는 오히려 그럴수록 조선을 강한 나라로 세우고 외세의 침략으로부터 지켜 내야 한다고 생각했어요. 서구 열강뿐만이 아니라 가까운 나라 일본 또한 조선을 삼키려고 호시탐탐 노리고 있었기 때문에, 정신을 바짝 차리고 나라의 문을 닫아 둘 수밖에 없었다는 점을 알아주시기 바랍니다. 나라를 향한 나 홍선 대원군의 진심을 말입니다.

운현궁에서는
어떤 물건을 썼을까요?

노안당 편액

궁궐보다 더 위세를 떨쳤던 집이 바로 흥선 대원군이 살았던 운현궁입니다. 이 운현궁의 사랑채 건물이 바로 노안당으로 흥선 대원군이 머물렀던 곳입니다. '노안당 편액'이란 노안당에 걸려 있는 편액을 뜻하지요. '편액'은 널빤지나 종이, 비단에 글씨를 쓰거나 그림을 그려 문 위에 거는 액자를 말합니다. 노안당은 뛰어난 명필이었던 추사 김정희가 세상을 떠난 지 10여 년이 지난 후에 지어진 건물로, 현판의 글씨는 추사 김정희의 글씨를 모아 제작한 것으로 보입니다. 목판에 글자를 직접 새긴 것이 아니라, 종이를 여러 겹 붙인 두꺼운 판에 역시 종이를 여러 겹 붙여 만든 글씨를 덧붙여서 만들었습니다.

모란도

모란은 예부터 꽃 중의 왕 즉 '화중왕'이라고 일컬어졌습니다. 그래서 궁중의 각종 행사에 모란도가 사용되었는데, 이때는 국가의 태평성대와 백성들의 편안함을 상징하기도 했습니다. 운현궁에서 사용된 모란도는 흙 위에 모란이 괴석과 함께 그려져 있는 것으로 전형적인 궁중 양식을 띠고 있습니다. 궁중에서 사용하는 모란도는 매 폭마다 동일한 화본을 사용하여 반복되게 그린 것이 특징입니다. 운현궁에서 사용된 모란도가 전형적인 궁중 모란도의 양식을 지니고 있는 점과 높은 수준의 화풍이라는 점에서 미루어 볼 때, 이 작품은 뛰어난 솜씨를 지닌 궁중 화원이 제작했을 가능성이 있습니다.

태사의

견고하고 색이 아름다운 자단목으로 만들어진 중국 청나라 때의 의자입니다. 가장 큰 특징은 등받이와 팔걸이가 있는 점으로, 이 태사의는 등받이와 팔걸이의 문양이 있는 부분은 남기고 나머지 부분은 투각을 함으로써 화려한 문양과 시원한 느낌이 조화롭게 어울립니다. 흥선 대원군이 며느리인 명성 황후와의 세력 다툼 과정에서 패하고 1882년에 청나라 톈진으로 납치되어 3년간 유폐 생활을 하였는데, 태사의는 이 당시에 사용했던 것을 운현궁에 돌아올 때 가지고 온 것으로 추측됩니다.

인장함

흥선 대원군이 운현궁에서 사용하던 인장 즉 도장과 그 인장을 보관하던 금속제 합입니다. 뚜껑은 위로 열어 분리할 수 있고, 몸체와 뚜껑의 안쪽에는 붉은색 천을 붙여 놓았습니다. 인장 역시 금속으로 만들어졌는데, 하나는 '운현궁'이라 새겨져 있고, 다른 하나는 '본궁서제소'라고 새겨져 있습니다. 여기서 '본궁'은 선왕(先王)이 왕위에서 물러난 후 거처하는 곳이거나 현재의 왕이 즉위하기 전에 살던 곳을 의미하고, '서제소'는 고위 관리의 개인적인 편지 등을 관리하던 곳을 뜻합니다. 인장을 찍을 때 위와 아래를 구분하기 위해 윗부분에 '上'자를 새겨 넣은 것이 특징입니다.

석란도

운현궁에서 사용된 석란도는 소호 김응원이 그린 그림입니다. 김응원은 흥선 대원군에게 많은 가르침을 받았으며 이후 근대적 미술 학원인 서화 미술회에서 가르치기도 했다고 합니다.

석란도 중 오른쪽 그림에서는 괴석의 위와 아래에 난이 피어 있고, 왼쪽 그림에서는 절벽과 흙 위에 난이 피어 있습니다. 조선 말기에 묵으로 그려진 난초 그림 병풍은 이처럼 마주 보는 두 폭이 대칭을 이루는 경우가 많은 것이 특징입니다.

출처: 서울역사박물관(www.museum.seoul.kr)

불평등한 문호 개방의 책임은 누구에게 있을까?

1. 흥선 대원군은 왜 섭정에서 물러났을까?
2. 국력 강화와 자주적인 개화를 위한 노력

1

홍선 대원군은
왜 섭정에서 물러났을까?

판사 홍선 대원군이 펼친 쇄국 정책의 원인과 그 잘잘못을 따져 보는 재판도 벌써 세 번째를 맞았습니다. 다들 궁금하다는 표정들인데 본격적인 재판으로 바로 들어갑시다. 원고 측 먼저 변론하세요.

김딴지 변호사 존경하는 판사님과 배심원 여러분, 원고인 박규수 대감은 피고 홍선 대원군이 쇄국 정책을 끝까지 고집하는 바람에 자신뿐만 아니라 조선 전체에 매우 나쁜 영향을 끼쳤다고 주장했습니다. 그런 사실은 여러 증인들의 증언을 통해 분명히 드러났습니다. 오늘은 이 기세를 몰아 홍선 대원군이 유림 세력과 명성 황후에 의해 쫓겨난 이유를 따져 보려고 합니다. 그렇게 된다면 그의 쇄국 정책이 얼마나 나쁜 영향을 끼쳤는지 분명히 알게 될 것입니다. 먼저 피고 측 증인 최익현 대감을 다시 증인으로 신청합니다.

판사　좋습니다. 증인은 지난번에 선서를 했으니 오늘은 바로 신문으로 들어갑시다.

김딴지 변호사　감사합니다. 기록에 따르면 증인은 피고 흥선 대원군을 탄핵하는 상소를 몇 차례 올려서 피고를 몰 아내는 데 결정적인 역할을 했더군요. 그때의 일을 상세히 진술해 주시겠습니까?

최익현　그러니까 1873년의 일이었습니다. 그때 내가 동부승지로 있었는데 하루는 병조 참판 민승호 대감이 말합디다, 흥선 대원군을 가만 놔둬서 되겠느냐고. 안 그래도 그를 미워하던 나는 즉시 붓을 들었어요. 전하께 상소를 올린 것이지요.

동부승지
왕의 비서 기관인 승정원에 속한 정3품 관리입니다.

요즘 정치는 문란해지고 대신과 대간들은 무능하고 부패하여 정론과 직언이 없습니다. 나라에는 천재지변이 잦고 흉년이 겹쳐 국력과 민생이 피폐하건만 조정에서는 속론만 일삼고 아무런 대책을 못 세워 나라 꼴이 엉망이니 이게 어찌 된 일입니까?

이건 말하자면 대원군의 잘못된 정치를 신랄하게 비판하는 내용이었어요. 그러자 대원군은 새파랗게 질려서 사헌부, 사간원 관리들로 하여금 나를 반격하는 상소를 올리게 했지요. 허허! 그러자 고종 임금이 어떻게 하신 줄 아시오? 대원군을 지지하던 성균관 유생들의 과거 시험 응시 자격을 빼앗았을 뿐 아니라, 나를 공격하던 관리들을 줄줄이 파직시켰어요. 내 손을 번쩍 들어 주신 것이지요.

김딴지 변호사　그 일로 흥선 대원군이 섭정에서 물러난 것인가요?

최익현　천만에! 흥선 대원군은 물정도 모르는 데다 눈치가 없어서 내 상소가 무슨 뜻인지 모르는 듯했소. 그래서 얼마 후에 내가 결정타를 날렸지요. 노골적으로 물러나라고 한 거예요.

　　그동안 흥선 대원군은 군신의 예를 짓밟았고 스승과 제자의 도리를 끊었으며⋯⋯ 특히 흥선 대원군은 토목 공사를 위해 원납전을 받아 국법을 혼란케 했고 전하의 나이가 어리다는 핑계로 정치를 <u>전횡</u>했으니⋯⋯ 앞으로는 더 이상 국정에 관여하게 해서는 안 될 것입니다.

　　이런 상소문을 올렸습니다. 흥선 대원군은 말할 것도 없고 대신들 모두가 충격을 받아 벌어진 입을 다물지 못했지요. 충신이라면 이 정도 배짱은 있어야 하는 것이오. 내 글이 지나쳤던지 고종 임금께서 나더러 벼슬을 내놓고 귀양살이를 하라고 하십디다. 하지만 몰래 불러서 이렇게 말씀하셨어요. "대감을 살리고자 하는 내 뜻을 아시겠지요?" 20대 초반의 전하께서 그토록 생각이 깊으실 줄 누가 알았겠어요. 그 뒤 고종 임금은 창덕궁과 운현궁 사이의 비밀 통로를 막고는, "오늘부터는 모든 국정을 과인이 직접 시행하노라." 하고 친정을 선포하셨습니다. 그것으로 흥선 대원군의 권력은 막을 내린 것이지요.

김딴지 변호사　　정말 조선의 선비답게 꼿꼿한 기상과 대단한 용기를 보여 주셨군요.

최익현　　어흠! 내가 그런 사람이었소. 조선 시대에는 이대로 변호사처럼 줏대 없는 사람은 출세를 하지 못했어요.

이대로 변호사　　증인은 흥선 대원군이 물정도 모르고 눈치도 없다고 하셨는데, 증인 스스로 그런 인물이란 생각은 안 해 보셨습니까? 그 모든 일은 명성 황후의 치밀한 계획에 따라 진행되었다는 자료가 많거든요. 다시 말해 증인은 명성 황후의 손에 놀아난 허수아비에 지나지 않았다는 것이지요.

최익현   자네! 그게 무슨 망발인가?

이대로 변호사   존경하는 판사님! 저는 흥선 대원군을 몰아낸 게 명성 황후였다는 걸 밝히고자 합니다.

이대로 변호사의 갑작스런 발언에 원고 측은 당황하는 기색이 역력했다. 이에 김딴지 변호사는 벌떡 일어나 판사를 향해 증인 신청을 요구했다.

김딴지 변호사   좋습니다. 그럼 명성 황후에 대한 이야기를 시작해 보지요. 이를 위해 여흥부대부인 민씨를 다시 자리에 모셔서 자세한 이야기를 들어 보는 것이 좋을 것 같습니다.

판사   허락합니다. 원고 측 변호사의 신문이 있겠습니다.

김딴지 변호사   감사합니다. 먼저 증인과 명성 황후의 관계부터 말씀해 주시겠습니까?

여흥부대부인 민씨   명성 황후의 어렸을 때 이름은 민자영이고 나와는 12촌 사이였어요.

김딴지 변호사   12촌 자매라면 남남이나 다름없겠군요.

여흥부대부인 민씨   촌수로는 멀었지만, 그 아이가 어렸을 때부터 며느릿감으로 눈여겨보았지요. 자영이, 아니 황후는 여덟 살에 부모님을 모두 잃고 서울로 올라와 안국동 감고당이란 집에서 자랐어요. 감고당은 창덕궁과 경복궁 사이에 있었고 내가 살던 운현궁에서 가까웠지요. 내겐 친척 집이기도 해서, 황후가 운현궁에 자주 놀러 오곤 했지요.

김딴지 변호사　어렸을 때의 명성 황후는 어떤 소녀였나요?

여흥부대부인 민씨　첫눈에 보아도 영특했고, 비록 부모님을 잃긴 했지만 한 나라의 왕비가 될 만한 품위를 지녔어요. 아무래도 고아가 된 친척 여동생이라 내가 더욱 따뜻하게 살펴 주기도 했지요. 그러다가 둘째 재황이 왕으로 즉위하자 혼사를 서두르게 되었어요. 그런데 본래 대원군께선 그 전까지 세도가 등등했던 안동 김씨 김병학의 딸을 왕비로 점찍고 있었어요. 안동 김씨의 도움을 받아 재황을 왕으로 앉히는 대신 그 집 딸을 왕비로 맞겠다는 비밀 약속을 했던 거예요.

김딴지 변호사　혼인 동맹을 맺으려고 했군요.

여흥부대부인 민씨　난 그런 말은 잘 모르지만, 어쨌든 나중에 대원군이 그 약속을 깨뜨렸어요. 그때 왕비 후보가 마지막에 다섯 명이나 있었는데, 그중 내가 추천한 민자영을 대원군이 가장 마음에 들어 하셨어요. 자영이가 명문 집안 출신인 데다 총명했고 무엇보다 아버지를 일찍 여의어 외척 정치를 하기 힘들었기 때문이에요.

김딴지 변호사　그렇군요. 그 뒤 흥선 대원군과 명성 황후 사이는 어땠나요?

여흥부대부인 민씨　명성 황후는 고종보다 한 살 위였어요. 내게는 친척 여동생이면서 며느리이기도 했으니 내가 각별히 아껴 주었지요. 하지만 대원군이 왕실의 외척들이 나서는 것을 싫어한 탓에 황후와 가까운 친척들에게 거리를 두었고, 황후는 그걸 가슴 아프게 여겼어요.

김딴지 변호사 이제 증인의 말씀을 정리하겠습니다. 증인은 명문가 출신이면서 고아가 되어 외롭게 살던 소녀 민자영의 12촌 언니이며 시어머니였습니다. 그리고 흥선 대원군은 왕실 외척이 권력을 잡는 것을 싫어했기 때문에 그 소녀를 왕비로 선택한 것이지요?

여흥부대부인 민씨 맞습니다.

김딴지 변호사 존경하는 판사님! 그럼 이 시점에서 명성 황후를 직접 이 자리에 모셔서 이야기를 들어 보고자 합니다. 허락해 주십시오.

왜 흥선 대원군은 쇄국 정책을 펼쳤을까?

판사 좋습니다. 그런데 '황후'라는 말은 언제부터 사용한 것인가요?

김딴지 변호사 고종 임금이 1897년에 조선의 국호를 대한 제국으로 바꾸면서 우리나라는 황제 국가가 되었으며, 그때부터 일본 낭인에게 **시해**당한 민비를 명성 황후로 **추존**해 지금에 이르고 있습니다.

판사 역시 김딴지 변호사는 역사 상식이 풍부하군요.

이대로 변호사 판사님, 이의 있습니다.

판사 말씀하세요.

이대로 변호사 명성 황후는 흥선 대원군이 그토록 싫어하던 세도 정치를 펼친 장본인입니다. 조선은 흥선 대원군의 개혁으로 나라가 안정되어 재도약하려는 기회를 맞았습니다. 하지만 대원군에 의해 며느리로 선택된 명성 황후는 오로지 사리사욕을 채우기 위해 시아버지를 증오했을 뿐만 아니라 나중엔 자기 스스로 권력을 움켜쥐고 조선을 멸망시키는 데 앞장섰습니다. 따라서 명성 황후의 증언은 대원군에게 절대로 불리할 뿐 아니라 객관적이지도 않을 것으로 예상되니 참고해 주십시오.

김딴지 변호사 저는 그렇게 생각하지 않습니다. 명성 황후는 시아버지 흥선 대원군에 의해 여러 차례 목숨을 잃을 뻔했습니다. 세상에 며느리를 없애려고 이를 박박 갈았던 시아버지는 흥선 대원군밖에 없을 것입니다. 명성 황후는 그런 위기를 슬기롭게 극복하고 조선을 근대화시키려다가 일본 낭인들에게 비참하게 시해당한 조선의

시해
왕이나 왕비를 살해하는 것을 말합니다.

추존
다른 사람을 높이 받들어 우러르고 공경하는 것을 말합니다. 민비는 명성 황후로 추존되었지요.

국모였습니다. 오늘날 명성 황후를 소재로 한 수많은 뮤지컬과 드라마가 전 세계의 관심을 끈 것도 바로 그런 이유 때문입니다. 특히 명성 황후는 흥선 대원군의 성격을 누구보다 잘 알고 있으니 증인으로 신청하는 게 당연합니다.

판사 그럼 우선 명성 황후의 증언을 들어 봅시다. 물론 피고 측도 반대 신문을 할 수 있으니 그때 반박하면 될 것 같군요.

이대로 변호사 알겠습니다…….

판사 좋습니다. 명성 황후는 증인석으로 나와 증인 선서를 하시기 바랍니다.

"와, 명성 황후를 이렇게 가까이서 보게 되다니!"

"저 자태를 좀 봐! 강인하면서도 고매한 표정. 재판이 점점 흥미진진해지는데."

"응. 보통이 아닐 것 같아. 흥선 대원군이 조금 긴장하겠는걸."

재판을 멀리서 지켜보던 명성 황후가 수군거리는 사람들 사이로 걸어 나와 선서를 했다. 당찬 표정 속에 기품이 깃들어 있었다.

명성 황후 증인 명성 황후는 진실만을 말할 것이며, 거짓을 말할 경우에는 위증죄로 어떠한 처벌이라도 달게 받겠습니다.

판사 김딴지 변호사부터 신문하세요.

김딴지 변호사 증인은 피고의 쇄국 정책을 처음부터 반대하신 것으로 알고 있습니다. 그 이유를 설명해 주시겠습니까?

명성 황후　나는 명문 집안에서 태어난 덕분에 어려서부터 많은 책을 읽으며 자랐어요. 왕비가 되어 궁궐에 갔더니 할 일은 별로 없고 시간은 넉넉했지요. 그땐 전하께서도 어린 탓에 왕비인 나보다는 궁녀들에게 관심이 많았거든요.

김딴지 변호사　남편의 도리를 다하지 않았던 것이군요.

명성 황후　왕비였지만 남편의 사랑을 받지 못하니 얼마나 슬펐겠습니까? 날은 길었고 궁궐 안에는 신기한 책들도 많아서 나는 독서에 취미를 갖게 되었어요. 김딴지 변호사도 알겠지만, 내가 고아로 자랐으나 어려서부터 머리는 매우 총명했거든요. 흥선 대원군도 그런 점을 높이 평가해 나를 며느리로 선택한 것이고요.

김딴지 변호사　정말 조선의 왕비들 중 보기 드물게 슬기롭고 학식이 많은 분이라고 들었습니다.

명성 황후　나는 그 많은 책들 중에서도 특히 정치와 국제 관계, 외교 문제를 다룬 책들을 좋아했어요. 특히 중국의 역사책인 『춘추좌씨전』을 좋아했는데, 그 책은 각국의 외교 책략과 병법, 심리전을 탁월하게 그려 낸 것으로 유명하지요. 그런 책들을 깊이 읽다 보니 손금 들여다보듯 국제 관계가 훤하게 보였어요. 그래서 조선이 하루빨리 개화하고 문호를 열지 않는다면 영원히 후진국이 되겠다 싶었지요. 하지만 그땐 내가 저기 피고석에 앉아 있는 분에게 감히 입도 뻥끗할 수 없는 때였답니다. 저분이 얼마나 무서웠던지…….

이대로 변호사　존경하는 판사님! 증인이 시아버지를 '저분'이라고 부르는 것은 유교 윤리에 어긋납니다. 제대로 호칭하도록 충고해 주

시기 바랍니다.

판사　　그건 증인의 자유이므로 제재를 가하기 애매하군요. 김딴지 변호사는 계속 신문하세요.

김딴지 변호사　　이대로 변호사는 지금이 유교 시대인 줄 착각하고 있군요. 더구나 증인은 피고보다 지위가 훨씬 높은 왕비였습니다. 비록 시부모라 할지라도 왕과 왕비에게는 공손히 존대해야 한다는 걸 모릅니까?

이대로 변호사   김딴지 변호사는 부모도 없이 하늘에서 뚝 떨어졌나요? 고종이 국왕이 되고 명성 황후가 왕비가 될 수 있었던 게 모두 누구 덕분이지요? 설령 왕과 왕비를 시켜 주지 않았어도 부모에게 효도를 다하는 게 인간의 도리가 아닐까요?

김딴지 변호사   이대로 변호사처럼 꽉 막힌 사람과 법정에 함께 선 게 답답하군요. 이대로 변호사가 좋아하는 유교의 첫 번째 사상이 충효 아닌가요? 다시 말해 임금에게 충성하는 게 먼저이고 효도는 그다음이란 뜻이지요. 나라가 있어야 부모에게 효도를 할 수 있는 것이지, 나라를 빼앗긴 뒤 효도가 무슨 소용이지요? 그래서 효충이 아니라 충효라고 하는 거예요. 공부 좀 하세요.

판사   지금 유교 논쟁을 벌일 때가 아닙니다. 계속 신문하세요. 특히 이대로 변호사는 아무 때나 불쑥불쑥 끼어들지 마십시오.

김딴지 변호사   감사합니다, 판사님. 증인께 다시 묻겠습니다. 증인은 궁궐에서 많은 책을 읽으면서 국제 관계에 대한 안목을 키웠고 그러다 보니 조선이 하루빨리 문호를 열어야 한다고 생각하셨다고 했지요?

명성 황후   네. 하지만 피고인 흥선 대원군이 워낙 고집불통인 데다 무섭기까지 하여 감히 그런 건의를 하지 못했어요. 내가 왕비였지만 피고에겐 꼼짝도 못했답니다. 얼마나 무섭던지…….

이대로 변호사   잠시만요. 증인은 피고가 고집불통이라는 말을 여러 번 하셨는데, 만약 그런 고집이 없었다면 증인이 과연 왕비의 자리에 오를 수 있었을까요?

명성 황후　그, 그건…….

이대로 변호사　증인은 명문으로 손꼽히는 여흥 민씨 가문에서 태어났지만 어려서 부모님을 잃고 고아로 자라셨다지요?

명성 황후　맞아요.

이대로 변호사　증인이 결혼하기 전 조선에는 왕빗감으로 손꼽히는 수많은 규수들이 있었습니다. 특히 흥선 대원군은 세도가 당당했던 안동 김씨 출신의 규수를 왕비로 삼기로 약조한 일도 있었고요. 하지만 그가 많은 규수들을 모두 거절하고 증인을 며느리로 선택한 것은 세도 정치를 절대 용납하지 않겠다는 의지 때문입니다. 그걸 어떻게 생각하십니까?

명성 황후　인정합니다.

이대로 변호사　그런데 증인이 피고를 시아버지가 아닌 원수처럼 생각하게 된 사건이 있었지요?

명성 황후　그래요. 내가 낳은 첫 번째 왕자가 갑자기 죽었고, 그때부터 난 피고를 원망했어요.

이대로 변호사　그 일을 잘 모르는 김딴지 변호사를 위해 간략히 정리하고 왜 피고를 미워하게 되었는지 설명해 주시겠습니까?

명성 황후　그러니까 남편이었던 고종이 날 외면하고 궁녀들과 어울렸는데 그러던 중 한 궁녀가 아들을 낳았어요. 그 아이는 '완화군'이라 불렸는데 그때 피고는 첫 손자가 생겼다며 여간 좋아한 게 아니었어요. 나중엔 완화군을 세자로 책봉하려고까지 해서 내가 속으로 얼마나 울었는지 몰라요. 세자는 왕후가 낳은 아들로 책봉해야

지, 어떻게 후궁의 몸에서 태어난 아들을 세자로 책봉한답니까?

그러다가 신미양요가 끝난 뒤 나도 마침내 아들을 낳았어요. 궁궐뿐만 아니라 나라 전체가 경사였지요. 그런데 그 아이는 태어날 때부터 항문이 막힌 '쇄항'이라는 병이 있었어요. 처음엔 피고가 하도 쇄국 정책을 펼치니까 그 죄로 내 아들도 항문이 막힌 게 아닌가, 이런 생각을 했지요. 궁궐의 어의들이 병을 고치려고 애쓰는 가운데 피고가 약을 보내왔어요. 누가 어떻게 지은 건지도 모르는 약이었지요. 내 아들은 그 약을 먹고 세상을 떠났어요.

그때의 충격이 얼마나 컸던지 나는 며칠 동안 식음을 전폐하고 누워 지내야 했어요. 그때부터 피고를 의심하기 시작했지요. 아니, 가슴 깊이 원한을 가지게 되었어요. 피고가 내 첫아기를 죽게 했으니 어미로서 그런 마음을 가지는 건 당연한 일 아닌가요?

이대로 변호사 하지만 이 세상의 어떤 할아버지가 해로운 약을 보내 손자를 죽이려고 할까요? 증인은 첫아기를 잃은 충격이 심한 나머지 신경과민으로 피고를 크게 오해하신 게 아닙니까?

명성 황후 오해라니요? 난 피고가 저지른 죄가 너무 큰 탓에 그런 불행이 닥쳤다고 생각해요. 내 아들이 성치 않은 몸으로 태어났고 사흘 만에 목숨을 잃게 된 것은 피고가 수천 명을 죽인 데 대한 업보라고 보았던 것이지요. 병인박해 때 천주교인 수천 명을 학살해 한강을 피로 물들였으니 그 원혼의 저주가 왕비인 내게 닥친 겁니다. 나는 첫아들이 죽은 뒤 국사당을 비롯해 전국의 명산을 찾아다니며

업보
착한 일이나 나쁜 일을 저질렀을 때 그것이 원인이 되어 돌아오는 결과를 말합니다.

제사를 지내 그 아이의 명복을 빌게 했는데, 그 무렵 내게 찾아온 점쟁이들마다 천주교인을 죽인 벌을 받은 거라고 하더군요. 이래도 피고에 대한 원망이 오해란 말인가요?

이대로 변호사　하지만 그 첫째 왕자의 죽음이 병인박해의 저주를 받았다는 것은 미신일 뿐이지요. 흥선 대원군은 손자가 몹쓸 병을 가지고 태어난 것을 가슴 아파하며 최고의 명의들에게 약을 제조하게 했습니다. 그런데 증인은 손자를 아끼는 할아버지의 사랑을 오해했고 그것을 핑계로 대원군의 권력을 빼앗기 위해 음모를 꾸몄습니다. 더구나 대원군의 개혁 정책을 후퇴시켰고, 증인의 친정 식구들을 끌어들여 민씨 세도 정치를 시작했지요.

1894년에 일어난 동학 농민 운동도 민씨 세도 정권의 폐해가 가장 큰 원인이라는 건 누구나 알고 있는 사실입니다. 따라서 증인이 대원군을 고집불통이라느니 쇄국 정책으로 나라가 망하게 되었다느니 하는 주장은 아무런 근거도 없다고 생각합니다. 먼저 당시의 학자였던 황현이 『매천야록』을 통해 증인과 민씨 세도 정권에 대해 평가한 부분을 읽겠습니다.

교과서에는

▶ 흥선 대원군이 집권한 지 10년 만에 물러나자, 왕비를 중심으로 한 민씨 세력이 정권을 장악하였습니다.

▶임금이 친히 나라를 다스리게 되자 모든 사람들이 기대했지만, 나라 안의 일은 중궁(명성 황후)이 이끌었고 바깥일은 민승호에게 위임하여, 결국 민씨들이 줄줄이 등장하고 간사한 무리들이 번갈아 나왔다.

이 대목은 명성 황후와 민씨 세도 정권이 얼마나 큰 잘못을 저질 렀는지 분명히 밝히고 있습니다.

김딴지 변호사   들다 보니 가만히 있을 수가 없군요. 증인은 피고의 고집불통 정책에 대해서 잘 알고 계시지요? 그 부분에 대해서도 좀 말씀해 주시지요.

명성 황후   그건 내가 누구보다도 잘 알고 있지요. 경복궁을 중건 한 것만 해도 그래요. 그 무렵 조선의 경제 사정으로는 경복궁을 다 시 지을 만한 힘이 없었어요. 그래서 많은 신하들이 경복궁 중건을 말렸지요. 하지만 피고는 무조건 경복궁을 지어야 한다며 온갖 방 법을 동원해 공사를 시작했답니다. 그래서 나라 재정이 5년 만에 바 닥이 났어요. 세상에 궁궐 하나 짓자고 수만 명의 인부를 동원하고 700만 냥이 넘는 돈을 물 쓰듯 썼으니 나라 살림이 거덜나는 게 당 연하잖아요? 그러자 피고는 한성의 사대문에서 통행세를 받는 등 수많은 세금 제도를 만들었으며, 나중엔 당백전이란 화폐를 마구 발 행했지요. 상평통보 엽전 한 개가 1냥이라면 당백전 한 개는 100냥 이나 되었어요. 이 당백전을 만들어 사용하자 돈의 가치가 뚝 떨어 졌고 물가는 수십 배로 올라 양반이나 백성이나 모두 피고를 원망했 지요. 결국 피고가 섭정에서 쫓겨난 것은 서원 철폐, 경복궁 중건과 같은 말도 안 되는 개혁을 한 탓이에요.

김딴지 변호사   증인에게 묻겠습니다. 요즘 많은 사람들이 증인이 흥선 대원군을 몰아내고 개혁 정책을 후퇴시켰다고 평가하는데, 그 말에 동의하십니까?

명성 황후   무슨 소리입니까? 개혁 정책을 후퇴시키다니요? 경복궁 중건과 같은 무모한 일을 저질러 백성들 모두의 원망을 듣게 된 것이 개혁 정책이라면 그런 건 후퇴시키는 게 당연하겠지요. 하지만 나는 피고의 쇄국 정책만 뜯어고친 것이지 피고가 추진했다는 개혁에는 관심도 없었어요. 그러니까 개혁 정책을 후퇴시켰다는 건 말도 안 되는 소리예요.

이대로 변호사   증인과 김딴지 변호사가 뭔가 오해를 하신 것 같군요. 역사가들이 평가하는 증인의 개혁 정책 후퇴란 증인이 세도 정치를 다시 시작한 걸 두고 하는 말입니다. 설마 증인은 세도 정치를 한 일이 없다고 하지는 않겠지요?

명성 황후   그건 보는 사람에 따라 다르게 생각할 수 있어요.

이대로 변호사   앞서 최익현 대감은 자신이 여러 차례 상소문을 올려 흥선 대원군을 탄핵했다고 진술했는데 동의하십니까?

명성 황후   동의할 수 없어요. 왜냐하면 대원군을 몰아내기 전부터 나는 민승호, 민겸호, 민태호, 민영위, 민치상, 민규호 등 친정 식구들에게 중요한 벼슬을 주어 권력의 기반을 닦았어요. 정치를 하려면 먼저 세력을 튼튼히 다져야 하는데, 그러기 위해서는 조선의 역대 왕비들이 그랬던 것처럼 친정 식구들을 끌어들이는 게 여러 가지로 편리했어요.

이대로 변호사   그때부터 민씨 세도 정권이 싹트기 시작한 것이군요?

명성 황후   뭐, 다 지나간 일이니 솔직히 말하면 그렇게 되었지요. 그러니 피고인 흥선 대원군을 몰아내는 건 시간 문제 아니었겠어

왜 흥선 대원군은 쇄국 정책을 펼쳤을까?

요? 그때 가만히 보니 최익현 대감이 평소 피고에 대해 큰 반감을 가지고 있더군요. 둘 다 위정척사와 쇄국에 목숨을 걸었으면서도 갈등이 많았지요. 하루는 내가 민승호 오라버니에게 부탁했어요. "오라버니, 최익현 대감에게 대원군을 탄핵하는 상소를 올리게 하는 게 어떨까요?" 하고 말이지요. 오라버니의 말을 들은 최익현 대감이 뜻을 같이해 주었습니다.

이대로 변호사　　그러니까 증인께서 최 대감을 꼭두각시처럼 조종했단 말씀이시지요?

명성 황후　　보수적인 성향의 척화론자였던 최 대감을 움직이는 일은 생각보다 쉬웠습니다. 하지만 모두 나라를 위한 일이었어요.

이대로 변호사　　감사합니다. 판사님, 이것으로 증인 신문을 마치겠습니다.

판사　　김딴지 변호사는 증인에게 물어 볼 내용이 없습니까?

김딴지 변호사　　있습니다, 판사님.

판사　　그럼 신문하세요.

김딴지 변호사　　방금 증인은 대원군을 몰아낸 배후가 자신이었다고 당당히 밝히셨지요? 그런데 대원군을 탄핵하게 된 보다 근본적인 이유가 있을 것 같군요. 대원군이 증인의 첫째 왕자를 죽게 했다거나 고종의 나이가 스무 살이 넘었는데도 권력을 내놓지 않았다는 이유 말고도…….

명성 황후　　네. 피고가 집권하는 동안 조선은 일본으로부터 심각한 위협을 받았지요. 조선은 오랫동안 쇄국 정책을 펼치는 바람에 일본

국서
국가의 최고 원수가 국가의 이름으로 다른 나라에 보내는 문서나 서신을 말합니다.

괄목상대
눈을 비비고 상대편을 본다는 뜻으로, 남의 학식이나 재주가 놀랄 만큼 부쩍 늘었음을 이르는 말입니다.

의 정세에 깜깜했어요. 그러는 동안 일본이 국서를 보내왔다는 건 앞에서 충분히 드러났으니 생략할게요. 피고가 일본의 요청을 완강히 거절하자 박규수 대감이 건의했지요. "이번 일은 큰 흐름으로 보아야지, 그까짓 몇 가지 용어에 매달려 개화의 시기를 놓치면 안 됩니다. 얼마 전까지만 해도 조선에 뒤처졌던 일본이 지금은 괄목상대할 만큼 강대국으로 커 나가고 있습니다." 하고 말이지요.

김딴지 변호사　　그런데도 피고는 쇄국을 고집했지요?

명성 황후　　물론입니다. 박 대감은 여러 차례 통상 개화를 주장하다가 피고와 마찰이 생기자 그만 우의정에서 물러났어요. 일본 내각은 조선의 쇄국 정책이 완강하자 1873년 10월, 조선을 침략하기로 결정했어요. 이것을 요즘 학자들은 '정한론'이라 부르더군요. 하지만 피고는 그런 위협을 받고도 코웃음만 쳤어요. 프랑스와 미국 군대를 거뜬히 물리쳤다는 자만심 때문이었지요. 이때 나는 더 이상 피고에게 나라를 맡겨서는 안 되겠다는 생각을 했습니다.

김딴지 변호사　　네에. 그처럼 중요한 진술을 해 주시니 감사합니다. 이제 박규수 대감의 승리가 눈앞에 보이기 시작합니다. 이상으로 증인 신문을 마치겠습니다.

2

국력 강화와
자주적인 개화를 위한 노력

김딴지 변호사　존경하는 판사님, 지금까지 명성 황후의 증언을 통해 쇄국 정책이 조선 왕조에 얼마나 나쁜 영향을 끼쳤는지 분명히 밝혀졌습니다. 쇄국 정책은 말 그대로 나라의 문호를 꽁꽁 걸어 잠그고 우물 안의 개구리처럼 세상 물정을 모르게 하는 정책입니다. 밖에서는 조선의 사정을 빤히 들여다보고 있는데 조선은 바깥 나라의 사정을 모르는 게 바로 쇄국 정책의 결과였지요. 그러니 쇄국 정책이 추진되는 동안 조선이 멸망의 길로 가는 것은 당연한 코스가 아닐까요?

이대로 변호사　저는 그렇게 생각하지 않습니다. 지금까지 여러 증인과 피고 흥선 대원군의 진술에 따르면 그는 처음부터 쇄국 정책을 펼친 게 아니었고, 더구나 스스럼없이 서양인을 만날 정도로 개방적이었습니다. 특히 부인이신 여흥부대부인 민씨를 비롯해 주변 사람들이 천주교를 믿는 것도 눈감아 줄 정도로 아량이 있었습니다. 이것으로 대원군이 고집불통이란 선입견은 잘못되었다는 게 증명되었다고 봅니다.

김딴지 변호사 하지만 대원군이 쇄국 정책을 고집했기 때문에 일본은 조선과 교류할 생각을 접고 1873년 10월에 조선을 정벌하기로 결정했다는 명성 황후의 증언이 나왔습니다.

이대로 변호사 대원군이 집권하는 동안 조선은 제너럴셔먼호 침략 사건, 오페르트의 남연군 묘 도굴 사건, 병인양요, 신미양요와 같은 서양 세력의 무력 도발을 계속 겪었습니다. 그중에서도 독일의 상인 오페르트가 남연군의 묘를 도굴하려 했던 사건은 충효를 강조하는 조선에서뿐만 아니라 서양에서도 충격적으로 생각한 만행이었습니다. 대원군은 그런 침략을 받으면서 서양 세력을 부귀와 권세를 위한 일이라면 물불을 가리지 않는 오랑캐로 생각하게 되었고, 그런 서양 오랑캐를 무찌르기 위해서는 조선의 국방력을 강화해야 한다고 생각했던 것입니다. 그래서 조선의 해안에 설치된 진과 보를 정비하게 했고 신무기를 개발하는 데 많은 투자를 했습니다. 더구나 최근에는 대원군이 세계 최초로 개발한 조끼형 방탄 갑옷이 희귀 문화재로 등록되었습니다. 이런 것으로 볼 때 대원군은 조선의 국력을 먼저 키운 뒤 외국에 문호를 열 생각이었지 결코 끝까지 쇄국 정책을 펼치려고 한 것은 아니었습니다.

왜 흥선 대원군은 쇄국 정책을 펼쳤을까?

김딴지 변호사　그 말은 이대로 변호사의 억지 주장일 뿐입니다. 그 무렵 박규수 대감이 청나라에 다녀온 뒤 조선의 문호 개방이 절실하다는 것을 여러 번 강조했습니다. 하지만 대원군은 그런 건의를 계속 묵살했지요. 그건 피고에게 쇄국 정책을 포기할 뜻이 없었다는 증거입니다. 그 결과 원고 박규수 대감은 1874년 9월, 스스로 우의정에서 사직한 뒤 김옥균 등 젊은 개화파 지식인을 가르치게 되었습니다. 만약 대원군이 일찌감치 박규수 대감의 건의를 받아들였다면 운요호 사건과 같은 일본의 무력 공격을 받지 않았을 것입니다. 더구나 대원군이 조선의 국방력을 키웠다고 했는데, 좀 더 일찍 서양 문물을 받아들였더라면 운요호의 침략쯤은 쉽게 막아 내지 않았을까요?

이대로 변호사　운요호가 침략했을 때 조선 군사들이 일방적으로 당한 것은 민씨 세도 정권이 백성을 착취한 데다 조선 정부가 중심을 잡지 못했기 때문입니다. 존경하는 판사님! 이 사실을 입증하기 위해 원고에게 질문하고자 합니다.

판사　그렇게 하십시오.

이대로 변호사　원고는 운요호 사건이 일어났을 때 어떤 직책을 맡고 있었습니까?

박규수　일본이 운요호를 조선으로 처음 보낸 건 1875년 4월이었고, 나는 그보다 몇 달 앞서 판중추부사로 임명되었습니다. 그러니까 우의정을 그만두고 여러 달 쉬고 난 뒤의 일이었지요.

이대로 변호사　판중추부사는 어떤 자리였습니까?

박규수　중추부를 이끄는 종1품 벼슬로 관찰사나 병마절도사를

일본이 통상 조약을 맺기 위해 일으킨 운요호 사건을 그린 그림입니다.

겸하기도 했어요. 우의정보다는 낮은 자리였고 별로 하는 일도 없었
지요.

이대로 변호사　　일본은 운요호 등 여러 척의 함대를 보내 조선 앞바
다에서 무력시위를 했고, 넉 달 뒤에는 강화도 초지진까지 진출했지
요? 그 뒤 초지진 병사들이 포를 쏘아 대자 초지진을 박살 낸 뒤 영
종도를 침범해 조선 군인과 백성을 살육하고 약탈을 일삼았지요?

박규수　　그랬소. 그걸 통틀어 운요호 사건이라 부르게 되었소.

이대로 변호사　　▶일본은 그런 만행을 저지르고 돌아간 뒤
1876년 1월에 구로다 기요타카, 이노우에 가오루를 비롯
한 대규모 사절단과 무장 군인을 강화도로 보내 조선 정부
를 압박해 강화도 조약을 맺게 했지요. 그때 조선 정부에
서는 큰 혼란이 있었는데, 대감이 하루빨리 회담에 응해야
한다고 주장해 마침내 굴욕적인 강화도 조약을 맺은 것 아

교과서에는

▶ 운요호 사건을 일으키고,
이 사건을 구실로 조선에 통
상 조약을 맺을 것을 강요한
일본의 모습은, 서양 열강
이 군사력을 앞세워 아시아
국가들에게 한 행동과 같은
형태를 띠고 있습니다.

닙니까?

박규수   인정합니다. 만약 그때 조선이 회담에 나서지 않았더라면 일본이 단숨에 한성을 점령할 기세였어요.

김딴지 변호사   잠깐만요. 이번엔 제가 한 가지만 여쭐게요. 피고 측에서는 자꾸만 조선 정부가 굴욕적으로 강화도 조약을 맺었다고 비판하는데, 운요호 사건이 났을 때의 상황을 설명해 주시겠습니까?

박규수   그땐 정말 일본이 어떻게 짧은 시간 안에 그토록 국력을 키웠는지 신기하고 한편으로는 두려웠습니다. 일본은 운요호 사건을 일으킬 무렵 최신식 무기를 실은 전함을 80여 척이나 갖추었고 타이

완을 정벌하는 등 외국을 침략하고 있었어요. 거기에 비해 조선군은 낡은 대포와 화승총으로 무장하고 있었으니 일본과 전쟁한다면 백전백패가 분명했지요. 오죽하면 피고의 형님이셨던 영의정 이최응 대감이 "그동안 대원군이 병력을 열 배로 늘리고 포대와 성곽을 정비해 침략을 대비했건만 단 한 척의 이양선에 진지가 무너지다니 이해할 수가 없군." 하고 한탄하셨겠어요? 그게 모두 세계정세의 흐름을 읽지 못한 피고의 쇄국 정책의 결과라고 생각합니다.

이대로 변호사   원고는 당시 조선의 군사력이 일본을 당할 수 없을 만큼 약했다고 하는데, 그보다는 정신력이 약한 나머지 불평등한 조약을 맺은 것은 아닌가요?

김딴지 변호사   무슨 질문이 그래요? 초등학생이 대학생과 똑같은 수학 문제를 푼다면 정신력만 강하다고 이길 수 있나요? 기본적으로 실력이 있어야지, 이게 정신력 가지고 될 일인가요?

이대로 변호사   김딴지 변호사, 아무 때나 끼어들지 마세요. 나는 지금 원고에게 묻고 있습니다.

박규수   내 의견도 김딴지 변호사와 같습니다. 아무리 쇄국을 강조해도 개항을 요구하는 외국의 무력을 막을 수 없다면 소용없는 일이지요. 그게 정신력만으로 될 일입니까? 나는 강화도 조약 때의 조선의 상황이 병자호란을 맞았을 때와 비슷했다고 생각합니다. 그때도 척화파와 주화파가 심한 갈등을 빚었다가 척화파의 주장대로 전쟁을 선택했지만 그 결과가 어땠습니까? ▶인조 임금이 삼전도에서

왜 흥선 대원군은 쇄국 정책을 펼쳤을까?

치욕적인 항복을 하고서야 전쟁이 끝났고, 그 일로 조선은 청나라로부터 더욱 굴욕적인 지배를 당한 것을 잊으셨습니까?

원고 측을 지지하던 방청객들이 박규수의 말에 박수를 치자, 흥선 대원군이 투덜거렸다.

"이대로 변호사 왜 저래? 여태 잘 싸우다가 막판에 무너지는 거야?"

하지만 이대로 변호사는 흥선 대원군의 싸늘한 반응을 무시하고 질문을 이어 나갔다.

병자호란 때 청에게 항복한 뒤 청나라 태종의 공덕을 기리기 위해 세운 삼전도비입니다.

이대로 변호사 강화도 조약을 삼전도의 굴욕과 비교하는 건 무리가 있군요. 저는 원고의 통상 개화론을 반대하지는 않습니다. 하지만 일본이 조선을 압박한 것은 대원군이 섭정에서 물러난 뒤의 일이었습니다. 대원군이라는 조선의 호랑이가 없어졌으니 일본이라는 늑대가 침을 흘리는 건 당연한 일이 아닌가요? 더구나 원고는 아까 실력 운운했는데, 대원군이 물러난 뒤에도 고종과 명성 황후는 물론 통상 개화를 주장하던 원고조차 수교 회담을 위해 제대로 공부한 게 하나도 없었습니다. 그래서 외교 지식은 말할 것도 없고 외교 용어조차 한마디도 모르던 신헌 대감을 보내 구로다와 회담하게 했으니 불평등한 조약을 맺

교과서에는

▶ 청나라에서 조선에 임금과 신하의 관계를 맺을 것을 요구하자 조선 정부가 거부하였습니다. 그러자 청나라 태종은 10만여 명의 군사를 이끌고 쳐들어옵니다. 이에 인조는 신하들과 함께 남한산성으로 들어가 45일간 항전하지만 결국 삼전도에서 굴욕적인 강화를 맺게 되지요.

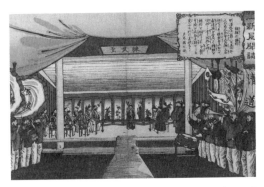

강화도 조약은 일본의 강압적 위협으로 맺어진 불평등 조약이었습니다.

게 된 것은 당연한 일 아닙니까? 줄기차게 개화를 주장했던 대감은 왜 그런 준비를 안 하고 지내셨습니까?

박규수 그러니까 그건…….

박규수 대감이 이마의 땀을 닦으며 대답을 망설이자 흥선 대원군이 벌떡 일어나 소리쳤다.

"박 대감, 어서 대답해 보시오. 그래도 쇄국 정책이 잘못이었다고 나를 모함하려는가?"

판사 피고는 조용히 하세요!

김딴지 변호사 존경하는 판사님! 저는 흥선 대원군의 쇄국 정책이 왜 잘못된 것이었는지 분명히 밝힐 수 있도록 김옥균 대감을 증인으로 신청하려고 합니다.

판사 오! 팔방미인으로 소문이 자자했던 김 대감이 증언을 한다고요? 그렇다면 어서 나와 증인 선서를 하도록 하세요.

김딴지 변호사 증인은 먼저 자기소개부터 해 주시겠습니까?

김옥균 김옥균은 세상이 다 아는 인물인데 무슨 자기소개를 해요? ▶그냥 급진 개화파(개화당)의 선두 주자였으며 갑신정변의 주역이었다 정도면 되지 않을까요?

김딴지 변호사 좋습니다. 증인께선 흥선 대원군의 쇄국 정책을 어떻게 평가하시나요?

김옥균   한마디로 말해 시대에 역행하며 조선을 깊은 우물 속으로 빠뜨린 정책이었어요. 이건 불순한 가정이지만, 만약 그 시절에 내가 대원군처럼 막강한 권력을 가졌다면 개화를 추진해 일본까지 지배했을 것입니다.

김딴지 변호사   하지만 피고 측에서는 어쩔 수 없이 쇄국을 했다고 하고, 또 그렇게 할 수밖에 없었던 책임을 보수적인 유림 세력에게 돌리고 있습니다만……

김옥균   뭐, 그런 주장에 반대하지는 않아요. 나 역시 대원군의 쇄국을 비판한 것이지 인간 대원군을 미워한 게 아니에요. 그래서 갑신정변을 일으켰을 때 제시한 혁신 정강의 첫 번째 조항도 청나라에 납치된 대원군을 즉시 귀국시키란 것 아니었소? 그건 조선이 일본은 물론이고 청나라로부터도 독립을 지켜야 한다는 뜻이기도 했지요.

김딴지 변호사   조금 전 피고 측 변호사는 강화도 조약을 앞두고 아무런 준비가 없어서 불평등한 조약이 되었다고 비판했습니다. 그 점에 대해선 어떻게 생각하시나요?

김옥균   그런 비판도 옳아요. 제 스승이신 박규수 대감이 그 질문에 답변하지 못한 것은 당시 민씨 세도 정권이 한심했기 때문이에요. 스승님, 제 말이 옳지요?

판사   증인은 묻는 말에만 대답하세요. 아무리 풍운아였다고는 하지만 여긴 신성한 법정이니 규칙과 절차를 따라야 합니다.

혁신 정강
갑신정변을 이끌었던 김옥균 등 개화당이 내세운 개혁 정책을 가리킵니다.

교과서에는

▶ 조선은 임오군란 후 청나라의 내정 간섭을 받게 되었고, 민씨 세력은 개화에 소극적이었습니다. 이러한 상황에서 김옥균, 박영효, 서광범, 홍영식 등은 새 정부를 구성하고 개혁 정치를 추진하고자 하였습니다.

양무운동
19세기 후반에 청나라에서 일어난 근대화 운동으로 군사, 과학, 통신 따위의 개혁을 추진했습니다.

이대로 변호사　　이번엔 제가 질문하겠습니다. 방금 민씨 세도 정권을 비판하셨는데, 어떤 점이 잘못되었다는 것이지요?

김옥균　　그거야 대원군은 말할 것도 없고 조선 백성이 그토록 싫어하던 세도 정치를 펼쳤기 때문이지, 새삼스럽게 무슨……. 난 대원군의 개혁 정책이 왕권 강화에 그 목적을 둔 건 잘못이라고 생각하지만, 명성 황후의 친정 식구들이 세도 정치를 다시 시작한 것은 더욱 큰 잘못이라 생각해요. 청나라와 일본에선 양무운동이다 메이지 유신이다 근대적인 국가를 만들려고 애쓸 때, 조선은 시아버지와 며느리가 권력 다툼만 벌이고 있었어요. 이 무슨 한심한 짓입니까? 그래서 내가 갑신정변을 일으켜 확 뒤집어엎으려고 했던 것이지요.

이대로 변호사　　증인의 말씀을 요약하면 쇄국 정책보다는 세도 정치가 더 나빴다는 거로군요?

김옥균　　난 그런 식으로 말하지 않았습니다.

이대로 변호사　　증인은 자꾸 갑신정변을 자랑하시는데, 그 사건 때문에 증인은 친일파로 비판받고 있지 않습니까?

김옥균　　하하하! 내가 친일파라고? 내가 일본의 자금과 지원을 받아 갑신정변을 일으킨 것은 맞지만, 일본으로 망명한 뒤 10년 동안 철저히 일본 정부의 박대를 받은 사람이오. 내가 진정한 친일파였다면 그렇게 쫓겨 다니다가 나중엔 상하이에서 목숨을 잃었겠소?

김딴지 변호사　　판사님, 피고 측 변호사는 이번 재판과 관계없는 질문을 하고 있습니다.

판사　인정합니다.

이대로 변호사　끝으로 한 가지만 묻겠습니다. 증인은 국력 강화와 문호 개방 중 어느 쪽을 우선해야 한다고 생각하십니까?

김옥균　그건 닭이 먼저냐 달걀이 먼저냐와 똑같은 질문이오. 청나라나 일본의 경우를 보면 국력이 강해야 자주적인 개방을 이룰 수 있지만, 자주적으로 개방해야 국력도 강하게 키울 수 있으니, 그 질문엔 답변하기 곤란하군요.

이대로 변호사　좋습니다. 증인 신문을 마치도록 하겠습니다.

판사　김딴지 변호사, 더 신문할 것이 있으십니까?

김딴지 변호사　한 가지 있습니다. 증인은 쇄국 정책이 박규수 대감에게 어떤 피해를 입혔다고 보십니까?

김옥균　박 대감은 내가 가장 존경하는 스승입니다. 19세기 후반기에 제 스승처럼 개방적인 사고방식을 가진 분은 유대치, 오경석 등 몇몇 선구자를 빼고는 찾기 힘들었지요. 어느 날 스승께서 지구의를 돌리며 말씀하셨지요. "우리는 오래전부터 청나라를 세계의 중심 국가라는 뜻에서 중국이라 불러 왔는데, 세계의 중심은 따로 있는 게 아니다. 이렇게 보면 조선도 세계의 중심이 아니겠느냐?" 나는 그 말씀을 듣는 순간 세계관이 확 달라지는 걸 느꼈어요. 대원군과 유림 세력은 문호를 개방하면 조선이 망할 것이라며 두려워했지만, 거꾸로 조선의 사상과 문화 예술을 바깥 세계에 널리 알리는 기회가 될 수도 있었습니다. 그처럼 좋은 기회를 놓친 결과 조선이 후진국

으로 전락했으니, 대원군이 내 스승 박규수 대감에게 주었던 정신적인 피해는 매우 큰 것입니다.

김딴지 변호사　　증인은 물질적인 피해보다 정신적인 피해를 강조하시는군요. 증인, 감사합니다.

판사　　모두 수고하셨습니다. 이상으로 흥선 대원군이 쇄국 정책을 고집한 이유와 그것이 조선에 끼친 영향을 따져 보았습니다. 원고와 피고, 증인들의 진술은 최종 판결에 반영될 것입니다. 잠시 휴정한 뒤 원고와 피고의 최후 증언을 듣고 오늘의 재판을 마치겠습니다.

강화도 조약

강화도 조약은 1876년 2월, 조선과 일본이 맺은 통상 조약입니다. 조약을 체결할 당시 정식 이름은 '조일 수호 조규'이고, 이 밖에 '강화 조약' 또는 '병자수호조약'으로도 불립니다.

강화도 조약은 조선이 외국과 맺은 최초의 근대적인 조약이면서 한편으로 가장 대표적인 불평등 조약이기도 했습니다. 이 강화도 조약 이후 서양 강대국들도 조선에 통상 조약을 맺을 것을 요구했는데, 그때 조선과 서양 각국이 맺은 조약들은 모두 조선에 불리한 내용으로 이뤄졌습니다. 강화도 조약이라는 첫 단추를 잘못 꿴 나머지 이와 같은 불공평한 일이 이어진 것이며, 끝내 일제가 조선을 강제 지배하는 원인이 되기도 했습니다.

이처럼 조선 정부가 불평등한 강화도 조약을 맺을 수밖에 없었던 것은, 당시 문호 개방을 두고 지배층의 여론이 통일되지 않은 데다 조선 관리들이 근대적인 외교 용어와 관례를 잘 몰랐기 때문입니다. 더구나 일제는 이 조약을 맺기 전에 운요호 사건을 일으킨 데 이어 무장한 일본군들을 회담장 주변에 배치해 조선 대표들을 무력으로 억압했습니다. 그 결과 강화도 조약에 나섰던 신헌 등 조선 대표들은 구로다 특명 전권 대사를 비롯한 일본 대표의 요구를 고스란히 따라야 했습니다.

강화도 조약에 따라 조선 정부는 부산, 원산, 인천 세 항구를 개항했으며 일본이 조선의 해안을 측량하도록 허락해야 했습니다. 한편, 조선 정부에서는 메이지 유신으로 눈부시게 발전한 일본의 문물을 견학하기 위해 수신사 등을 파견했고, 몇 년 뒤에는 서양 각국과도 차례대로 통상 조약을 맺었습니다.

강화도 조약은 모두 12개 조항으로, 모든 조항이 조선 정부에 불리한 내용으로 이뤄졌습니다. 그중에서도 다음 조항들은 대표적으로 불평등한 내용이라 할 수 있습니다.

● **제3조** 조선은 부산 이외에 두 항구를 20개월 이내에 개항하여 통상을 허가한다.(부산은 일본과 가까우므로 경제적인 목적으로, 서울의 관문인 인천은 정치적인 목적으로, 원산은 군사 항구 후보지라는 군사적인 이유로 개항을 요구한 것입니다. 훗날 일제가 조선을 지배하기 위해 가장 중요시했던 곳이 이들 세 항구였습니다.)

● **제7조** 조선은 일본국 항해자가 자유롭게 해안을 측량하도록 허가한다. (일본에 해안 측량권을 내준 불평등한 내용입니다. 평등한 조약이 되려면 조선도 일본의 해안을 측량할 수 있는 권한을 얻어야 합니다.)

● **제10조** 일본국 인민이 조선국 항구에서 죄를 지었거나 조선국 인민에게 관계되는 사건은 모두 일본국 관원이 심판한다.(이는 일본인이 조선 영토에서 범죄를 저질러도 조선의 법률로 다스릴 수 없다는 내용입니다. 일본의 치외법권을 인정함으로써 조선의 사법권이 침해당하는 불평등한 조항입니다.)

왜 흥선 대원군은 쇄국 정책을 펼쳤을까?

다알지 기자

안녕하십니까? 다알지 기자입니다. 오늘도 저는 재판 현장에 나와 있습니다. 박규수와 흥선 대원군의 마지막 재판이 있던 오늘은 유난히도 많은 인파가 법정 앞에 몰렸는데요. 오늘은 저 유명한 명성 황후가 재판에 등장해서 중요한 증언을 해 주었습니다. 흥선 대원군과 명성 황후의 관계가 대립적이었기 때문에 증언도 피고에게 불리하게 흘러가는 것을 느낄 수 있었습니다. 그럼에도 불구하고 이번 재판에서 흥선 대원군이 승리할 수 있을지 귀추가 주목되고 있습니다. 마침 재판을 마치고 나오는 김딴지 변호사의 이야기를 들어 보겠습니다.

김딴지 변호사

재판을 지켜봐 주신 많은 시민 여러분, 이번 재판에서는 명성 황후의 증언을 통해서 피고의 쇄국 정책이 조선의 운명을 어떻게 바꾸었는지 충분히 보여 주었습니다. 변화해 가는 국제 정세를 알지 못하고 나라의 문을 꽁꽁 걸어 잠근 흥선 대원군은 역사 앞에 책임을 져야 합니다. 일본이 조선과 교류할 생각을 접고 조선을 정벌하기로 결정한 것이 흥선 대원군의 쇄국 정책 때문이었다는 증언은 원고의 주장에 힘을 보태는 것이었습니다. 원고는 중국에 다녀온 후 조선의 문호 개방에 대해서 여러 번 강조했지만 피고는 이를 묵살했습니다. 결국 운요호 사건과 같은 일본의 무력 공격을 피할 수 없게 된 것입니다. 이번 재판은 확실히 흥선 대원군 측에 책임을 물어야 하는 사안입니다. 시민 여러분 또한 그렇게 판단해 주시리라 믿고 결과를 기다리겠습니다.

왜 흥선 대원군은 쇄국 정책을 펼쳤을까?

이대로 변호사

　이번 재판은 참으로 쉽지 않았습니다. 피고 흥선 대원군의 진심이 명성 황후의 증언으로 제대로 드러나지 못했기 때문입니다. 하지만 지금까지 여러 증인의 이야기에 따르면 쇄국 정책의 진정한 장본인은 피고가 아닙니다. 피고는 국력을 키운 후에 문호를 열 생각이었던 것입니다. 무작정 쇄국 정책을 펼치려고 한 것이 아니었기 때문에 누구보다 개혁적인 정치를 단행했던 그의 충심이 그에 대한 선입견 안에 감춰져서 억울한 판결이 나올까 걱정됩니다. 하지만 명성 황후가 친정 세력을 등에 업고 새로운 세도 정치를 펼쳤다는 것은 모두가 똑똑히 확인할 수 있었을 것입니다. 또한 흥선 대원군을 몰아내는 데 일조한 사람이 바로 명성 황후였다는 점을 감안한다면 그 증언을 어디까지 믿어야 할 지 생각해 볼 수 있을 것입니다.

흥선 대원군은 조선의 역사를 후퇴시켰소
VS
조선을 강한 나라로 세우고 싶었소

판사 마지막으로 원고와 피고의 최후 진술을 듣고 판결을 내리겠습니다. 두 분의 진술은 배심원단과 재판장이 작성할 판결문에 중요한 영향을 주는 만큼 신중하게 발언하시기 바랍니다. 먼저 원고 측, 변론하세요.

박규수 이번 재판을 통해 나는 좀 더 일찍 통상 개화를 주장하지 않은 점과 근대적인 외교 관계를 맺기 위한 실무를 제대로 익히지 못한 점에 대해 큰 책임을 느끼게 되었습니다. 나는 일찍이 조부의 영향으로 실학의 정신을 온몸으로 익혔으며 청나라를 방문한 뒤 근대화가 중요하다는 걸 깨달았으면서도 흥선 대원군에게 개화의 필요성을 강력히 설득하지 못했습니다.

아까 내 제자인 고균(김옥균의 호)도 말했던 것처럼, 국력 양성과 자주적인 개화는 닭과 계란의 관계와 마찬가지였습니다. 이번 재판에서 여러 번 강조되었던 것처럼 강화도 조약 이전의 조선은 안팎으로 중대한 도전을 받고 있었습니다. 밖으로는 서양 제국과 일본의 통상 압력이 날이 갈수록 높아졌고, 안으로는 개혁을 추진해 흩어진 민심을 하나로 모으고 민생을 보살펴야 하는 중대한 시점이었습니다.

소탐대실
작은 것에 집착하다가 큰 것을 잃는다는 의미입니다.

하지만 나는 자주적인 개방에 우선순위를 두었으며 지금도 그런 신념에는 변함이 없습니다. 이미 밝혀진 사실처럼 흥선 대원군의 집권 후반기에 일본이 정식으로 외교 문서를 보내왔을 때만 해도 그렇습니다. 흥선 대원군은 그 문서에서 일본이 천황, 봉칙 등의 표현을 썼다며 노발대발했지만 그것은 **소탐대실**하는 어리석음이었습니다.

따라서 나는 흥선 대원군의 쇄국 정책 때문에 내 신념과 자존심을 꺾어야 했던 점에 대해 보상을 요구하며, 흥선 대원군의 쇄국 정책으로 적당한 문호 개방의 시기를 놓쳐 일본뿐만 아니라 서양 각국과 불평등한 조약을 맺게 된 점, 그 결과 조선이 외국인의 이권을 다투는 각축장으로 전락해 끝내 멸망했다는 점에서 흥선 대원군이 조선의 역사를 후퇴시켰다고 보아 그 책임을 엄중하게 묻고자 합니다.

흥선 대원군　처음에 말했던 것처럼 나는 왜 내가 이번 재판의 피고가 되었는지 이해를 못하겠소이다. 아까 박규수 대감은 문호 개방에 우선순위를 두었다고 했는데, 나는 조선의 질서를 바로잡는 게 먼저라고 생각했으며 지금도 그 신념에는 변함이 없습니다. 지금은 국민이 투표를 하여 가장 많은 표를 얻은 후보가 대통령에 선출되는 민주공화국이지만 내가 다스렸던 조선은 왕조 국가였어요. 왕이 곧 나라인 시대였다는 것이오. 물론 민심은 천심이라는 말이 있다시피 백성이 나라의 근본임은 나 역시 잘 알고 있었습니다. 따라서 모든 백성이 잘사는 나라를 만들기 위해서라도 백성을 착취하고 부정부패를 일삼는 세도가와 탐관오리를 없애는 게 내가 추진한 개혁의 목표였습니다. 그리고 백성을 잘 다스리기 위해서는 무엇보다 외척의 간섭을 뿌리 뽑고 왕권을 바로 세울 필요가 있었던 것입니다.

이번 재판에서도 잘 드러난 것처럼 나는 본래 고집불통이 아닙니다. 서예 수준도 높고 풍류도 즐길 줄 알지요. 그래서 어떤 사람이든 신분을 가리지 않고 날 좋아했어요. 조선에 몰래 들어와 꼭꼭 숨어 지내던 서양 신부를 만난 것도 내가 국제 관계에 관심이 많았다는 증거 아니겠습니까?

물론 내가 청나라와 일본이 맥없이 무너지는 걸 보고는 조선을 서양 오랑캐로부터 지켜야겠다고 다짐한 것은 사실입니다. 또 유림의 지지를 받기 위해 천주교인 수천 명을 죽게 한 잘못은 지금까지 속죄하고 있습니다. 그리고 한 가지 이 자리에서 털어놓을 게 있다면, 왕비의 손아귀에서 놀아난 고종을 왕위에 앉힌 것과 그런 왕비를 며느리로 받아들인 것은 내 인생에서 가장 큰 실수였다는 점이에요.

나는 이번 재판에서 패배한다 해도 눈 하나 깜빡하지 않겠소. 물론 박규수 대감에게 사과하거나 배상을 할 생각도 없소. 내가 뭘 가진 게 있어야 배상을 하지. 다만 이런 기회를 통해 당시의 내가 왜 쇄국 정책을 펼쳐야 했는지 여러분들이 내 진심을 알아준다면 더 이상

바랄 게 없겠습니다.

판사　　두 분의 최후 진술 잘 들었습니다. 내가 수십 년 동안 판사로 있으면서 재판에 패소해도 상관하지 않겠다는 피고는 처음입니다. 역시 흥선 대원군답다는 생각도 듭니다. 양측 변호사와 배심원단, 방청객, 그리고 끝까지 자리를 함께한 기자 여러분들 모두 수고많으셨습니다. 배심원의 판결서는 4주 후에 저에게 전달될 예정입니다. 배심원의 판결 결과는 공개하지 않을 것이며, 법관의 판결은 배심원의 의견에 구속되지 않습니다. 즉, 배심원의 의견은 참고 사항일 뿐, 이를 법관이 절대적으로 따라야 하는 것은 아닙니다. 나는다만 배심원의 판결서를 참고하여 4주 이후에 판결서를 공개하겠습니다. 그때까지 방청객과 기자 여러분들도 이번 재판에 대해 각자판결을 내려 보시기 바랍니다.

　땅, 땅, 땅!

역사공화국 한국사법정 재판 번호 45 박규수 vs 흥선 대원군

주문

역사공화국 한국사법정은 원고 박규수가 피고 흥선 대원군을 상대로 제기한 쇄국 정책에 의한 정신적 손해 배상 청구를 부분적으로 인정한다.

판결 이유

원고 박규수는 피고 흥선 대원군이 추진한 쇄국 정책으로 인해 자신이 명예를 훼손당했으며 조선이 급속히 멸망하는 원인이 되었다고 주장했다. 따라서 천주교인 학살에 대한 책임과 쇄국 정책의 부당함을 따지고 이런 역사적 사실을 후손들에게 교훈으로 남기기 위해 소송을 제기했다. 이에 대해 피고 흥선 대원군은 오랫동안 지속된 세도 정치의 폐해를 바로잡고 조선 왕조의 기강과 왕권을 강화하며 민생을 살피는 걸 우선순위로 두어 불가피하게 쇄국 정책을 추진했음을 진술했다.

오늘날 흥선 대원군이 추진했던 쇄국 정책은 전근대적인 발상이며 조선의 역사를 후퇴시킨 정책으로 평가받고 있다. 따라서 조선의 유림과 흥선 대원군이 일찍이 자주적인 통상 개화를 추진했다면 조선이 멸망하고 일제 강점기, 남북 분단, 한국 전쟁과 같은 비극을 겪지 않았을 것이라는 점에서 원고의 주장은 타당하다.

하지만 역사에서는 가정법이 적용되지 않는다는 점과 오늘날의 시각이 아닌 당시의 시각으로 쇄국 정책을 바라볼 필요도 있다는 점에서 원고의 주장은 모두 받아들일 수 없는 한계를 가지고 있다. 요즘도 세계화, 국제화가 진행되는 과정에서 FTA 협정에 대해서는 이해관계에 따라 민감한 반응을 보이고 있는 게 현실이다. 하물며 140여 년 전에 내정이 정비되지 않은 상태로 문호를 개방했을 경우의 부작용과 폐해, 그리고 당시 민심을 두루 반영해 판결의 요소로 삼을 필요가 있다.

이번 재판은 원고 박규수의 문제 제기에 따라 쇄국 정책의 장단점은 물론 당시 왕실과 운현궁 안팎의 사정, 통상 개화론자와 천주교인, 유림 세력의 대립과 갈등에 대해 자세히 살펴볼 기회가 되었다. 이런 과정을 통해 우리는 쇄국 정책과 현재의 국제 관계 특히 FTA에 대한 입장을 정리하는 데 역사적인 교훈을 얻을 수 있을 것으로 생각된다.

여러 증인들의 증언과 역사 기록, 증거 및 양측 변호인들의 변론을 통해 쇄국 정책의 단점뿐만 아니라 그 타당성도 함께 검토한 이번 재판을 통해, 본 재판장은 원고의 선구적인 사상을 추앙하고 또 대원군의 쇄국 정책으로 실추되었던 명예를 회복하고자 한다. 그리고 당시 상황과 대원군의 입장도 함께 헤아려 원고의 정신적 피해 부분에 대해서 일부 승소 판결을 내리기로 한다.

역사공화국 한국사법정 담당 판사 공정한

"역사의 진실을 바로 세우기 위해!"

원고의 부분 승소는 이대로 변호사가 그만큼 잘 싸웠다는 증거. 홍선 대원군도 가끔 눈치를 주긴 했지만 그래도 예상 이상의 선전을 하자 파이팅을 외쳐 주었다. 하지만 원고에게 손해배상도 하지 않겠다고 버티는 홍선 대원군에게서 수임료를 받아 내긴 글렀다고 생각했다. 이대로 변호사가 터덜터덜 사무실로 걸어가는 동안 휴대폰이 요란하게 울렸다. 홍선 대원군이었다.

"날세. 이 손전화로 내가 전화를 건 사람은 자네가 처음이야. 오늘 저녁 한잔 해야지?"

"그것보다 수임료는?"

"이 사람 답답하게 왜 이래? 지난번에 계약금 줬으면 됐지, 패소한 주제에 무슨 수임료?"

"그럼 다시 뵐 필요도 없겠군요. 끊겠습니다."

"이봐! 이 변호사……."

"네, 말씀하세요."

"이따가 일곱 시에 석파정으로 나와. 내가 한턱내고 그까짓 수임료도 챙겨 줄게."

석파정?

이대로 변호사는 처음 들어 보는 이름에 고개를 갸우뚱했다. 그러다가 흥선 대원군의 여러 호 중 하나가 석파라는 것을 떠올리고는 석파정이 대원군과 관계된 음식점이라는 것을 짐작했다. 24개월 할부로 구입한 아이폰으로 검색해 보니 예상한 대로였다. 석파정은 본래 대원군의 별장 이름인데 지금은 고급 음식점으로 사용되고 있단다. 자세한 약도와 메뉴도 나와 있다.

이대로 변호사의 발걸음이 전화를 받기 전보다 훨씬 가벼워졌다. 사무실에 들어서고 얼마 지나지 않아 누군가 벨을 울렸다. 인터폰 화면에는 김딴지 변호사의 얼굴이 커다란 돋보기에 비친 것처럼 보인다. 광대뼈와 입 주위가 옆으로 퍼져 있어 우스꽝스런 모습이다.

'저 웬수가 여긴 왜 왔어?'

문을 열어 보니 박규수 대감과 흥선 대원군이 함께 서 있었다.

"아니, 어쩐 일로?"

"잔소리 말고 이거나 받아."

김딴지 변호사가 등 뒤에 감추었던 과일 바구니를 내밀었다. 이대로 변호사는 멋쩍게 바구니를 받아 들었다. 접대용 원탁에 자리 잡은 박규수 대감이 입을 열었다.

"자네, 이번에 보니 소문과는 다르더군. 그래서 찾아왔어."

이대로 변호사는 다시 얼굴이 화끈거렸다. 그 소문이란 게 승소율 30퍼센트 미만의 한심한 변호사라는 것쯤은 본인도 잘 알고 있었다. 하지만 이번엔 대원군이 제공한 자료 덕분에 맹활약을 펼칠 수 있었다.

"무슨 일이신지……."

"이따가 대원군께서도 말씀하시겠지만, 우리가 자네 두 사람을 돕기로 했네. 그 사실을 먼저 알리기 위해 찾아온 거야."

"네에?"

이건 무슨 쇄국 정책 물 건너가는 소리일까? '자네 두 사람'이라면 김딴지 변호사와 이대로 변호사를 얘기하는 것일 텐데, 뭘 어떻게 돕겠다는 뜻일까?

"대원군과 내가 공동으로 투자해 역사공화국 전문 로펌을 내기로 했네. 일은 얼마든지 많으니까 자네들이 그곳에서 활약해 주게."

"정말이오?"

이대로 변호사는 벌어진 입을 다물지 못할 정도로 놀랐다.

"그게 뭐 어렵겠나? 여긴 뭐든지 생각대로 되는 역사공화국 아닌가? 내가 이번에 새삼스럽게 느낀 건데, 자네들이 알고 있는 역사적인 사실들 중에 왜곡된 게 무척 많더군. 그러니 나처럼 억울함을 느끼는 사람들도 많을 테지. 역사의 진실을 밝히기 위해서 자네들의 활약이 필요한 거야."

"이러다가 제가 변호사가 아니라 역사 전문가로 유명해지는 건 아닌지 모르겠네요. 아무튼 감사합니다."

이대로 변호사가 거듭 고개를 숙이자 김딴지 변호사가 나섰다.

"이게 다 내 덕인 줄 알아. 하지만 내가 같은 편이 된다는 법은 없으니까 내게 승소하려면 공부 좀 해야 할걸."

"사건의 성격에 따라서 우리가 법정에서 서로 맞서야 하는 상황도 생길 것 같은데? 각자의 신념을 저버릴 수는 없잖아. 어떻게 생각해?"

"나도 그 부분이 마음에 걸리지만, 뭐 역사를 바로잡기 위한 거라면 언제든 서로 맞설 수 있는 여지를 남겨 두도록 하지, 하하하. 기대가 되는군."

그렇게 서로 손을 맞잡은 김딴지 변호사와 이대로 변호사는 한참 동안이나 앞으로의 계획을 이야기하며 즐거워했다. 그들의 활약이 기대되는 역사공화국의 밤이 그렇게 저물어 가고 있었다.

왜 흥선 대원군은 쇄국 정책을 펼쳤을까?

서울 종로의 운현궁

고종 황제가 즉위하기 전에 열두 살 때까지 살던 곳이며, 명성 황후가 왕비가 되기 전에 왕실 교육을 받았던 유서 깊은 장소는 어디일까요? 궁궐은 아니었으나 궁궐보다 더 큰 위세를 누렸던 집은 어디일까요? 바로 고종의 아버지인 흥선 대원군의 집이었던 '운현궁'입니다. 서울시 종로구에 위치한 운현궁은 후사가 없던 철종의 뒤를 이어 열두 살 어린 나이로 조선의 26대 왕이 된 고종이 살았던 곳입니다. 어린 고종을 대신해 흥선 대원군이 조선을 다스리게 되니 당연히 이 집의 위세는 하늘을 찌를 만했지요. 고종이 즉위하면서 점점 그 규모를 늘려 갔는데, 고종이 머물던 창덕궁에 쉽게 왕래할 수 있도록 운현궁과 이어지는 흥선 대원군의 전용 문을 만들 정도로 위세가 대단했다고 합니다.

운현궁 입구로 들어서면 오른편에 이 집을 지키던 사람들이 머물던 '수직사'가 있습니다. 그곳을 지나면 사랑채인 '노안당'이 나오지요. 지금껏 잘 보존되어 있어 조선 후기 양반가의 모습을 볼 수 있습니다. 흥선 대원군은 이곳에서 10여 년간 정치를 하면서 인사ㆍ재정에서 대폭적인 개혁을 단행하였고, 임진왜란으로 불에 탄 경복궁을 다시 짓는 것을 지시하기도 하였습니다. 안으로 더 들어가면 안채로 쓰였던 '이로당'이 있습니다. 대원군의 부인인 민씨가 살림을 하던 곳이지요. 가운데 중정이라는 'ㅁ'자형의 작은 마당이 마루로 둘러싸여 있어서 폐쇄적인 안채의 특성을 보여 주는 구조라 할 수 있습니다.

고종이 즉위한 뒤 '궁'이라는 호칭을 받고 증축을 거듭한 결과 궁궐에 필적할 만큼 크고 웅장하였다고 합니다. 하지만 일제 강점기를 거치면서 파괴, 변형되어 그 원형을 알 수 없게 되었지요. 이후 1977년에 문화재로 지정되어 관리와 보호를 받고 있습니다.

찾아가기 **주소** 서울특별시 종로구 삼일대로 464 **전화번호** 02-766-9090
지하철 서울 지하철 3호선 안국역 4번 출구
홈페이지 http://www.unhyeongung.or.kr

운현궁의 사랑채, 노안당

운현궁의 안채, 이로당

출처: 서울시청 문화재과

『역사공화국 한국사법정 45 왜 흥선대원군은 쇄국 정책을 펼쳤을
까?』와 관련한 논술 문제를 풀어 봅시다.

※ 다음 제시문을 읽고 물음에 답하시오.

(가) 자유 무역 협정은 'free trade agreement'라는 영문 첫 글자를 따
서 'FTA'로 약칭합니다. 국가 간 상품의 자유로운 이동을 위해
모든 무역 장벽을 제거하는 협정으로, 무역 자유화를 실현하기
위해 양국 간 또는 지역 사이에 체결하는 특혜 무역 협정을 가리
킵니다. 2002년, 세계무역기구인 WTO 회원국 가운데 거의 모
든 국가가 1개 이상의 FTA를 체결했으며, 효력을 유지하고 있
는 협정만도 148개에 달했습니다. 한국은 1998년 11월 대외경
제조정위원회에서 FTA 체결을 추진하기 시작하였지요. 한국-
칠레 FTA가 2004년에 한국 최초로 발효된 것을 시작으로 2006
년에는 한국-싱가포르 FTA와, 한국-유럽자유무역연합(EFTA)
FTA를 발표하였습니다. 그 뒤로도 2007년 한국-ASEAN(동남
아시아국가연합) FTA 상품무역협정 등 9개국에 대한 발효가 완
료되었습니다. 이후에도 FTA가 전 세계적으로 확산되는 것에
발맞추어 한국의 FTA도 계속 진행되고 있습니다.

(나) "洋夷侵犯 非戰則和 主和賣國(서양 오랑캐가 침입하는데, 싸우지 않으면 화친하자는 것이니, 화친을 주장함은 나라를 파는 것이다), 戒我萬年子孫 丙寅作 辛未立(우리의 만대 자손에게 경계하노라. 병인년에 짓고 신미년에 세우다)."

1. (가)는 FTA에 관한 내용이고, (나)는 흥선 대원군의 척화비에 실린 내용입니다. 흥선 대원군의 입장에서 당시 조선에서 FTA를 받아들일 경우 생길 문제점에 대해 써 보시오.

※ 다음 제시문을 읽고 물음에 답하시오.

(가) 청나라는 본래 허가된 항구 외에는 무역을 금지하는 정책을 실시하고 있었습니다. 그러던 차에 영국에서 청나라의 차가 매우 인기가 있어 청나라로 막대한 양의 은이 흘러들어 가게 됩니다. 이에 영국은 인도에서 수입한 아편을 청나라에 몰래 팔아 차 수입보다 많은 이익을 남겼지요. 청나라에 아편 중독자가 급속하게 늘어나게 되자, 청나라의 임칙서가 영국 상인으로부터 아편을 빼앗는 일이 발생합니다. 이 일로 영국이 전쟁을 일으키는데, 이것이 바로 1840년의 아편 전쟁이지요. 전쟁에서 승리한 영국은 청나라에 조약을 체결할 것을 요구합니다. 이것이 바로 1842년의 난징 조약입니다. 이 조약으로 청나라는 홍콩을 영국에 넘겨주고 5개의 항구를 추가로 열어야 했습니다.

(나) 1853년에 미국의 페리 제독이 일본을 찾게 됩니다. 개국을 요구하는 미국 대통령의 편지를 들고 말이지요. 페리 제독은 다음 해까지 개항할 것을 요구했고, 이듬해인 1854년에는 '미일 화친 조약'을 체결하도록 강요하였습니다. 일본 내에서는 개국을 반대하는 목소리가 높았지만 개국을 막을 수는 없어서, 2개의 항구를 개항하고 미국 영사관을 설치하였습니다. 1858년에는 미국의 강요로 불평등 조약인 '미일 수호 통상 조약'을 체결하고, 이후 네덜란드, 러시아, 영국, 프랑스 등과 불평등 조약을 맺

왜 흥선 대원군은 쇄국 정책을 펼쳤을까?

게 됩니다.

(다) 조선은 프랑스와 미국의 침략에 나라의 문을 굳게 닫아걸고 강력한 쇄국 정책을 펼치고 있었습니다. 척화비를 세우고 천주교를 박해하는 등 흥선 대원군의 쇄국의 의지는 아주 높았지요. 하지만 흥선 대원군이 물러난 뒤 권력을 장악한 민씨 세력은 나라의 문을 열게 됩니다. 강화도 조약에 따라 3개의 항구를 열게 됨으로써 조선은 본의 아니게 개항을 하게 됩니다.

2. (가)는 청나라의 개항 과정이고, (나)와 (다)는 각각 일본과 조선의 개항 과정입니다. 동아시아 3개국의 개항 과정을 보고, 당시 세계정세 속에서 어떤 선택을 하는 것이 바람직한지 써 보시오.

해답 1 보통 외국과 물건을 사고팔 때는 '관세'라는 것이 붙습니다. 품질이 우수한 외국의 카메라를 수입할 때 원래 가격이 10만 원이라면, 관세를 4만 원 붙여서 14만 원에 들여오는 것이지요. 그러면 우리나라에서 이 카메라의 판매가는 14만 원 이상이 될 수밖에 없습니다. 그런데 우리나라 카메라가 12만 원 정도라면 사람들은 고민을 하게 됩니다. 가격이 저렴한 우리나라 카메라를 살 것인가, 품질이 조금 나은 외국의 카메라를 살 것인가 하고 말이지요.

그런데 'FTA'라 함은 관세 장벽 없이 상품을 사고팔 수 있게 되는 것을 말합니다. 외국의 카메라가 10만 원에 수입될 수 있다는 말입니다. 그러면 12만 원에 판매되던 우리나라 카메라는 경쟁력을 잃게 됩니다. 사람들은 가격도 저렴하고 품질도 상대적으로 우수한 외국의 카메라를 구입하게 되지요. 이런 일이 반복되면 우리나라 카메라 업체는 물건이 팔리지 않아 개발에 비용을 들이지 못하고, 경쟁력은 점점 떨어질 수밖에 없습니다.

흥선 대원군이 집권했던 조선 시대에는 외국과의 통상이 전혀 준비되어 있지 않았습니다. 때문에 외국의 값싸고 좋은 물건들이 조선에 들어오면 큰 문제가 아닐 수 없었지요. 그래서 쉽사리 문을 열 수가 없었습니다. 몸집이 작은 어린아이가 성인을 상대로 권투 시합을 할 수는 없는 것처럼 말입니다. 밥을 많이 먹고 운동을 열심히 하면서 준비해서 권투 시합을 할 수 있기까지는 시간이 필요합니다. 따라서 당시 조선에서 FTA를 받아들인다면 아주 큰 문제가 발생할 것입니다. 외국의 공장에서 대량생산해 낸 농기구는 가격이 저렴할 터이니, 조선의 수공업자들이 하나하나 손으로 만든 농기구는 팔리지 않을 것입니다. 따라서 조선의 수공업자들은 생업을 잃게 되지요. 그리고 외국의 값싼 농산물이 들어오게 되면 조선의 농산물이 팔리지 않아 농부들도 생업을 잃게 될 것입니다. 이렇게 백성들을 도탄에 빠뜨리지 않으려면 준비가 된 다음에 FTA를 하는 것이 옳습니다. 그래야 조선의 경제도 무너뜨리지 않고 외국과 자유롭게 통상도 할 수 있으니까요.

해답 2 서양의 열강들이 동아시아의 나라 중 처음으로 침략의 손길을 뻗은 곳은 청나라였습니다. 당시 동아시아에서 가장 큰 자리를 차지하고 있던 청나라는 아편 전쟁에서 패하여 굴욕적으로 문호를 개방하게 되지요. 이러한 청나라의 개항은 조선의 개항보다 무려 30년도 더 전에 일어난 일입니다.

조선은 세도 정치 때문에 나라가 어지럽고 백성들의 생활은 힘들기만 했습니다. 따라서 세계정세를 객관적으로 관찰할 수 있는 눈도 부족했지요. 청나라와 일본이 굴욕적으로 문호를 개방하는 것을 지켜보면서 나라의 빗장만 걸어 잠그고 있었습니다. 조선은 프랑스와 미국의 침략으로 강화도가 점령당하고 흥선 대원군의 아버지인 남연군의 묘가 도굴당하는 수모를 겪으면서도 굴복하지 않았지요.

그러나 조선이 나라의 문을 닫아걸고 서양 문호를 거부하고 있을 때, 일본은 메이지 유신을 통하여 놀라운 발전을 이루어 나갔습니다. 이 때문에 불과 20년 전에 굴욕적으로 문호를 개방당했던 일본이 조선의 문호를 개방하게 하는 위치에 서게 되지요. 조선의 위정자가 세계정세의 흐름상 쇄국 정책만 고수하는 것이 능사가 아니라는 생각을 했다면, 1866년에 프랑스가 조선에 와서 통상할 것을 요구했을 때 막무가내로 거부하지는 않았을 것입니다. 만약 그랬다면 일본과 불평등 조약을 체결하지도 않았겠지요.

* 해답은 예시로 제시된 내용입니다.

역사공화국 한국사법정 45

왜 흥선 대원군은 쇄국 정책을 펼쳤을까?

ⓒ 이정범, 2012

초판 1쇄 발행 2012년 5월 11일
　　7쇄 발행 2022년 12월 1일

지은이　　이정범
그린이　　조환철
펴낸이　　정은영

펴낸곳　　(주)자음과모음
출판등록　2001년 11월 28일 제2001-000259호
주소　　　10881 경기도 파주시 회동길 325-20
전화　　　편집부 (02) 324-2347 경영지원부 (02) 325-6047
팩스　　　편집부 (02) 324-2348 경영지원부 (02) 2648-1311
이메일　　jamoteen@jamobook.com

ISBN 978-89-544-2345-8 (44910)

과학공화국 법정시리즈 (전 50권)

생활 속에서 배우는 기상천외한 수학·과학 교과서!
수학과 과학을 법정에 세워 '원리'를 밝혀낸다!

이 책은 과학공화국에서 일어나는 사건들과 사건을 다루는 법정 공판을 통해 청소년들에게 과학의 재미에 흠뻑 빠져들게 할 수 있는 기회를 제공한다. 우리 생활 속에서 일어날 만한 우스꽝스럽고도 호기심을 자극하는 사건들을 통하여 청소년들이 자연스럽게 과학의 원리를 깨달으면서 동시에 학습에 대한 흥미를 가질 수 있도록 구성하였다.